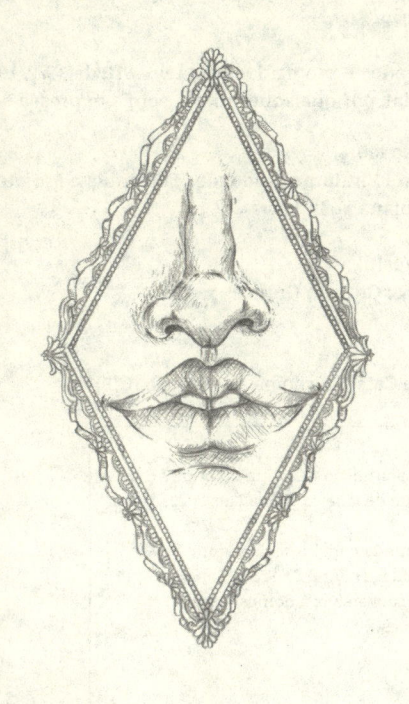

Mulheres farejadoras

a intuição na ponta do nariz

© Palmira Margarida, 2022

Todos os direitos reservados e protegidos pela lei 9.610 de 19/2/1998. É proibida a reprodução total e parcial, por quaisquer meios sem a expressa anuência da editora.

Produção Editorial: mapa lab
Revisão: Andréia Amaral I Viralume Produções Editoriais e Projetos Educacionais
Capa: Joice Trujillo e Fabiana Yoshikawa
Ilustrações: Joice Trujillo
Diagramação: Fabiana Yoshikawa
Impressão e acabamento: Grafitto Gráfica

Dados Internacionais de Catalogação na Publicação (CIP)

M327m Margarida, Palmira.
Mulheres farejadoras: a intuição na ponta do nariz / Palmira Margarida. – Rio de Janeiro: Mapa Lab, 2022.
175 p. ; 23 cm.
Originalmente apresentada como tese da autora (doutorado – Universidade Federal do Rio de Janeiro) sob o título: Um nariz subversivo: a domesticação dos cheiros e das paixões.
Inclui bibliografia.

ISBN 978-65-86367-27-0

1. Olfato 2. Cheiros 3. Mulheres 4. Comportamento humano I. Título.

CDU 159.933:305-055.2

Bibliotecária: Ana Paula Oliveira Jacques / CRB-7 6963

contato@mapalab.com.br | www.mapalab.com.br
mapa.lab   /amapalab   @amapalab

Mulheres farejadoras
a intuição na ponta do nariz

Palmira Margarida

mapa.lab

Este livro é fruto da minha tese de doutorado apresentada em novembro de 2019 à Universidade Federal do Rio de Janeiro (UFRJ), no Programa de Pós-Graduação em História das Ciências e das Técnicas e Epistemologia (HCTE). Na versão original, o título era *Um nariz subversivo: a domesticação dos cheiros e das paixões*. Nesta versão em livro, realizo o sonho de trazer meus escritos e minhas pesquisas acadêmicas para fora da universidade, não deixando que tal conhecimento, principalmente tratando-se de mulheres, fique empoeirado nas gavetas.

Foi caminho árduo até chegar aqui, no qual precisei concatenar interdisciplinarmente, provar de várias formas e em cátedras possíveis. Não foi ao acaso que só encontrei um ponto de interseção entre farejar, mulheres e intuição após um longo tempo de pesquisa. Foi mais de uma década unindo contos de fadas, teoria de variados filósofos, tempos históricos, artes plásticas, jornais antigos e uma visão dos últimos estudos científicos sobre olfato. Por fim, para dar conta de objeto tão mágico, o conhecimento acadêmico precisou ser inebriado pela intuição e por uma pitada de imaginação.

Cheiros nos fazem imaginar e ir muito além do que pensamos que podemos. Desta forma, a partir de agora peço licença para escrever não como a cientista Palmira, mas como a sonhadora Palmira. E se pairar a dúvida de que imaginar e se deixar levar pelo rastro de um perfume é uma forma de saber, transcrevo uma frase de Albert Einstein publicada em seu livro *Sobre religião cósmica e outras opiniões e aforismos*, de 1931.

> Eu acredito na intuição e na inspiração. A imaginação é mais importante que o conhecimento. O conhecimento é limitado, enquanto a imaginação abraça o mundo inteiro, estimulando o progresso, dando à luz a evolução. Ela é, rigorosamente falando, um fator real na pesquisa científica.

Por fim, este livro é um grito contra o fascismo, que não nos permite experimentar a poética dos sentidos. O fascismo silencia os nossos cantos, não nos permite ouvir poesia nem ler nossos livros, censura nosso florescer e o exalar de nossos cheiros tão maravilhosamente coloridos. O fascismo emudece o cérebro e adoece a alma.

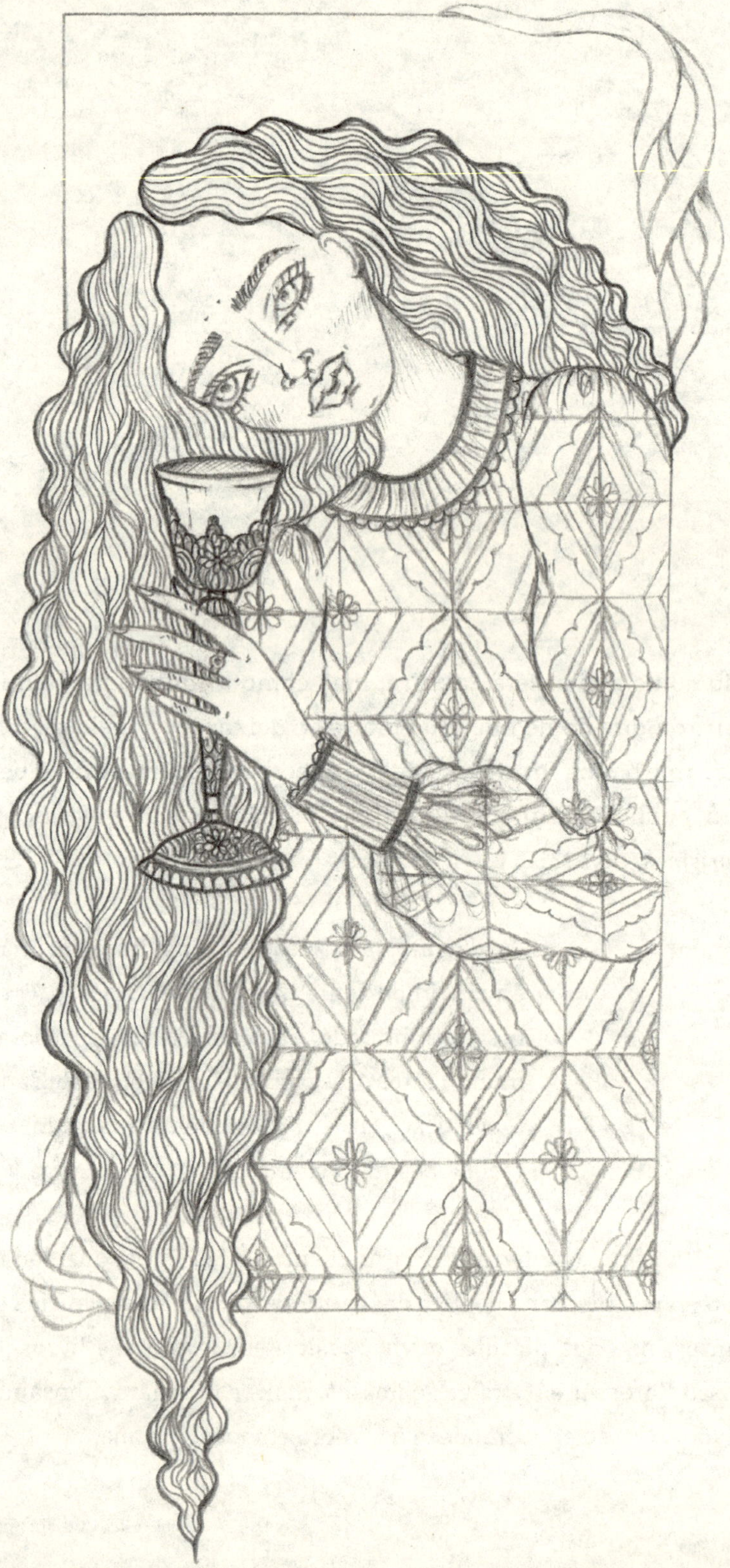

𝒟edico todo o meu estudo às plantas e a todas as mulheres que foram e ainda são queimadas nas fogueiras, nas censuras e nos silenciamentos diários. Dedico também aos cheiros, aos perfumes sagrados saídos das mãos de cada sacerdotisa. Dedico aos incensos e às fogueiras aromáticas das indígenas. Dedico a Camomila, Katharina Kepler, Artemisia Gentileschi, Santa Teresa D'Avila, Hildegard de Bingen, Hipatia, Aset, as Candace, Maria Madalena e a todas as erveiras, as benzedeiras que conheci, protagonistas anônimas da história que continuam vivas em todas nós. Dedico ao Museu Nacional, meu lar da infância e que me fez entender, junto aos cheiros dos seus corredores, que a única coisa que me salvaria e me daria prazer seria estudar e conhecer, até o meu último dia na Terra.

Agradecimentos

Agradeço primeiro a todos os cheiros que já senti, sem eles eu não conseguiria existir. Agradeço a toda a minha ancestralidade, que me deixou o legado das plantas. Aos meus pais.

Agradeço ao programa Capes, pois sem ele não seria possível o desenvolvimento das ciências em nosso país. Agradeço à UFRJ, maior universidade do país, maior centro de "balbúrdia", com tantas descobertas e pesquisas importantes para a nossa sociedade. Agradeço ao programa HCTE que abriu as portas para tema tão vanguardista e me acolheu.

Agradeço à banca, composta pelos docentes professor dr. Waldmir Araujo Neto e professora dra. Tânia Camel, pela paciência e incentivo. Agradeço à professora dra. Maira Fróes, por também acolher um tema tão *suis generis*; à professora dra. Regina Dantas, por estar sempre presente e me passar tanta força e determinação, mesmo com o nosso Museu Nacional queimado. Agradeço ao professor Ricardo Kubrusly, pelas aulas sobre Michel Serres, tão inspiradoras para esta tese, e, finalmente, à minha orientadora, a professora dra. Nadja Paraense, por ter desde o início acolhido o tema com tanta determinação, característica que todas as mulheres que decidem sobreviver e aparecer no mundo devem ter.

Agradeço aos amigos, sem citar nomes, para não correr o risco de esquecer alguém, mas uma amiga, em especial, precisa ser citada. Mayra Vaz e eu estamos juntas desde a graduação, e, quem sabe, de outras vidas. Agradeço também aos que tentaram me prejudicar e que, sem saber, me ajudaram tanto a crescer. Agradeço aos meus pais, que abriram mão de tantas coisas para que eu pudesse estudar; agradeço também às plantas do quintal de minha mãe e de minha avó, afinal, foi brincando de fazer perfumes com elas que viemos parar aqui nestas páginas.

Termino novamente agradecendo à UFRJ, à deusa Minerva, ao Museu Nacional, tão presentes em minha vida desde a infância, e findo este doutorado com o sonho de criança que era, um dia, fazer parte da UFRJ. Agradeço ao campus, às árvores, às paisagens que me acolheram nos últimos quatro anos. Sentirei saudade dos cheiros das aulas e das salas. Por fim, tenho muito orgulho de ter feito parte de um programa interdisciplinar tão resistente e subversivo.

Com amor, agradeço a todas as plantas.

Marina: No nosso jardim!
Palmira: Como é o cheiro delas? Descreve para mim! Me sinto cega se não posso cheirá-las. Preciso sentir o cheiro para poder ver.
(Conversa no Whatsapp, 01 de outubro de 2019.)

Sumário

INTRODUÇÃO 13

1. "METENDO O NARIZ ONDE NÃO FOI CHAMADO" 37
    Nariz antes do órgão 38
    Os pensadores da capital do perfume 41
    O nariz como órgão 43
    A ciência pura 46
    Os cheiros no laboratório e possíveis diálogos com o nariz social 49
    Farejar: um processo intuitivo 57
    Perfumaria ancestral 61

2. "ESSA HISTÓRIA NÃO ME CHEIRA BEM" 63
    Uma operação de sublimação 64
    O início das vigílias 66
    A domesticação dos viventes não humanos 68
    Uma história controlada 70
    A ideologia anticorpo e antiprazer 74
    "Cuida do seu nariz!" 76
    O que não cheira bem é sua vigília sobre as minhas paixões 81
    A vigília sobre a interação humanos-plantas 83
    A perfumaria pós-industrialização 86
    Um pouco de nota baixa 89
    De nariz a nariz 93

3. "O CORPO É UMA FESTA" 96
    O corpo não é uma festa 102
    A mulher farejadora 108

O ciclo menstrual 111
"Nariz de bruxa" 114
Nariz, um libertino 116
Ela "não é flor que se cheire" 118

4. "BEM DEBAIXO DO MEU NARIZ" 123
O corpo em festa 125
Farejando as fontes 128
Escolha da fonte primária 129
O "cidadão de bem" consome pornografia 133
Contextualizando *O Rio Nu* 135
Análise de *O Rio Nu* 136
As leitoras n'*O Rio Nu* 144
O cheiro como transgressor 148
O cheiro de racismo 152
O nariz como falo 154
A ideologia positivista n'*O Rio Nu* 156

CONCLUSÃO 160

REFERÊNCIAS BIBLIOGRÁFICAS 165
Fontes primárias 165
Obras 167

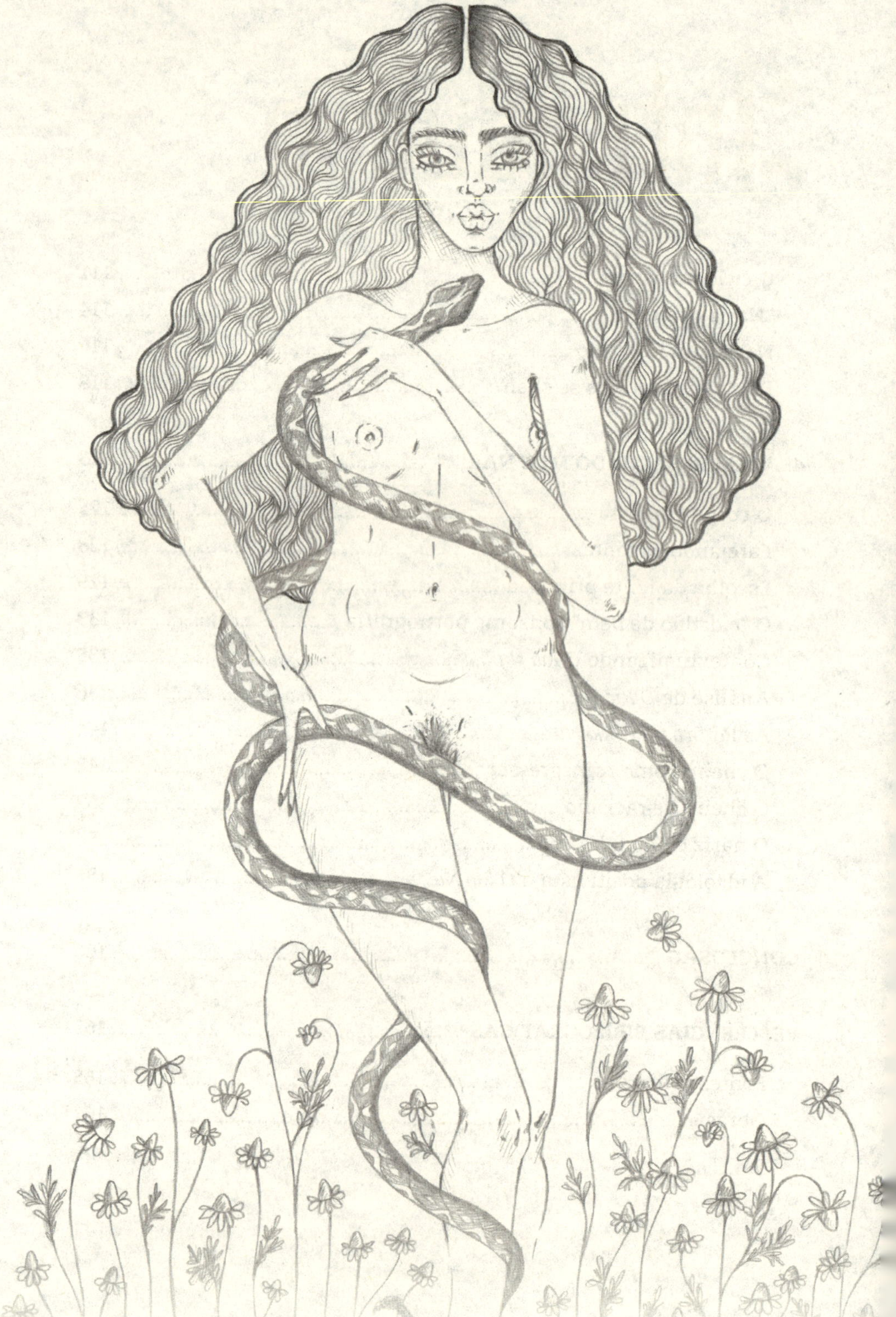

Introdução

"Eu gosto de catar o mínimo e o escondido. Onde ninguém mete o nariz, aí entra o meu, com a curiosidade estreita e aguda que descobre o encoberto" (Machado de Assis, em "A semana", *Gazeta de Notícias*, Rio de Janeiro, 11 de novembro de 1900).

Por que os cheiros?

Esta pesquisa é rebento de meu fascínio pelas emoções que exalam de nós por meio dos cheiros.

A introdução será na primeira pessoa do singular, porque antes de configurar esta escrita como trabalho acadêmico, circunscrevendo eficazmente o objeto, o objetivo central, a hipótese, a linha historiográfica e metodologias utilizadas, peço licença poética para me aproximar do objeto de forma subjetiva. Os cheiros capturam-me em suas inebriantes emanações, tomam a minha vida para si e todos os dias me fazem sair de minhas visões limitadas, abrindo-me para o desconhecido e me convidando a pensar sobre a angustiante e fascinante condição humana que é ter consciência do próprio sentir.

Sempre que digo que pesquiso cheiros a primeira reação é: "Nossa, que legal, você estuda perfumes!"

Cheiro! Quando pensamos sobre tema tão impalpável, a primeira impressão é que apenas dois lugares são possíveis: ser perfume ou ser repugnante. Este último, intolerável ao convívio social, precisa ser sufocado. São fortes, pronunciam-se, revolvem os corpos e suas emoções, descontrolam o animalesco no homem, abrem as portas das paixões, soltam as memórias dos porões, são arredios, selvagens, viscerais, libidinosos, sensuais e, por tal potencialidade, necessitam ser domesticados perante uma sociedade que se mantém pela submissão das paixões e toda forma de sentir.

Na vida privada e secreta, talvez seja possível aconchegar-se com esses cheiros tão íntimos, como gostar do aroma do próprio suor, dos próprios gases, amar o cheiro das próprias fezes e da transpiração genital. Mas até mesmo para expressar o amor ou conforto pelo exalar desses odores é preciso o tom confessional. Para Chantal (2014), essa difusão elitista e religiosa sobre os corpos e suas paixões "desempenhou um papel decisivo sobre a vigilância de si mesmo, a qual não cessaria de repetir que não existe intimidade suscetível de escapar ao olhar de Deus" (CHANTAL, 2014, p. 191).

Deus parece estar sempre à espreita observando nossos movimentos animalescos e nos culpabilizando pelo nosso simples direito de sentir as emoções pulsarem pelo corpo e dar voz a isso. A instituição religiosa foi implacável com o olfato, afinal, uma experiência sinestésica e tão dona de si, tão misteriosamente sensual, invasiva ao mesmo tempo que taciturna, não poderia fazer parte de uma sociedade panóptica que precisa ver e escutar cada passo que damos, já que os cheiros são silenciosamente eloquentes demais para fazer parte disso.

Os cheiros não se permitem serem pegos, mas persuadem qualquer um. Esteja atento ou não, será capturado por uma aura invasiva e inescapável. Não é da opinião de um cheiro se você irá deixar levar-se e ser seduzido ou sentirá terror ou tristeza com as memórias que ele fará você acessar. Ao cheiro cabe a parte do despertar de algo, em um lapso de duração, uma experiência sem escapatória que sempre fascinou o meu nariz. Não poder escapar do pânico e da beleza de sentir as próprias paixões. Talvez seja desse lugar de sentir de forma incontrolável que os cheiros nos causem, incomensuravelmente, hipnose e medo.

Aos cheiros naturais nem mesmo a fala é permitida, não é educado nem elegante trazer tais assuntos à mesa, pois o cheiro tem sua retórica natural proibida e seu terreno é para poucos. O ideal civilizado é que possamos conviver apenas com quatro sentidos, apesar de sabermos, racionalmente, que temos cinco. O olfato tem sido abordado como um coadjuvante que, à primeira vista, não teria grande utilidade. "Estudos acadêmicos do olfato tendem a sofrer das mesmas desvantagens culturais que o próprio olfato" (CLASSEN, 1996, p. 15). De tal modo que ele passa somente a ser aceito como perfume, a fim de mascarar nossos cheiros, ou, quando se trata do universo acadêmico e científico, quando o objeto de estudo é a saúde pública e higiene.

O olfato é, desta forma, distanciado da sociedade; o cheiro está sempre à espreita, de longe, querendo viver, necessitando ser sentido, mas completamente degolado ao prazer dos bons costumes e da moralidade, locais impregnados pelo medo do homem racional que não tem permissão de perambular no periférico mundo das emoções. Todo esse receio é devidamente embasado pelo discurso da higiene ocidental e do sanitarismo, que sustentam a civilidade como um modelo branco, racional, asséptico e inodoro.

Na sociedade de vigília, em que acreditamos controlar algo, que tudo está "sob controle", os cheiros entram sem pedir licença e nos lembram, sem que o percebamos, de nossa condição sensorial, arrebatadora e fascinante. Foi pelo meu fascínio pelas sensibilidades humanas que cheguei aos cheiros. Ou teria sido eles mesmos que me levaram a perceber que as paixões são o que temos de mais belo e diverso? Diverso, sinônimo de prosperidade, que no dicionário da língua portuguesa significa progresso e ordem. Nossa prosperidade foi trancafiada e tornou-se uma submissa do medo, da culpa e do pecado, embalados pela higiene marcada por racismos e eugenias.

Como veremos neste livro, assim como os perfumes naturais, que a partir do século XIX sofreram processo de substituição pelo estático e domesticado perfume industrial, o comportamento humano, diante do "processo civilizador" (ELIAS, 1993, orig. 1939), também foi tornado passível de estabilidade e vigília. A mudança no formato dos perfumes pode ser uma analogia ao comportamento esperado do homem no âmbito da civilidade: controlado, estável, linear, sem muitos movimentos e com suas emoções fixadas (como um fixador sintético que "amarra" os cheiros a fim de mobilizá-los), com intuito de não provocar alardes e, dessa forma, contribuir para a estrutura panóptica (FOUCAULT, 1997, orig. 1975) que se fomentava. As novas molduras de comportamento surrupiavam as emoções humanas concomitantemente à transformação da sociedade em um espaço puro e *clean*.

As narinas já não poderiam sentir perfumes naturais compostos por resinas entéricas, flores sensuais ou almíscar de origem selvagem e totalmente animalesca, o novo padrão olfativo retirou esses cheiros do mercado e, consequentemente, os narizes perderam o hábito e o farejamento por eles. Os aromas foram enclausurados na cartilha dos permitidos e dos imorais. A indústria cunhou a expressão "alfabetização olfativa" e, não à toa, na atualidade, o cheiro natural da vagina é contexto de imoralidade e falta de higiene e não, apenas, cheiro natural de um processo orgânico, não apenas fisiológico, como também de pulsões emocionais (CARUSO, 2008). Diante disso, vislumbra-se ser a higiene apenas um bom discurso, pois há algo além da saúde que exala dos cheiros e do qual temos medo: as paixões, no sentido da teoria das paixões de David Hume (2001, orig. 1739),[1] incapazes de definição, mas que dirigem nossas ações e condutas na sociedade.

O homem civilizado teria que normatizar suas emoções, saber controlar seus desejos e silenciar suas paixões, engavetar sensações passíveis de descontroles e resguardar-se das emoções entéricas encobertas nos escombros das memórias ou das vontades corporais denunciadas pelos odores, jogando-os ao limbo inodoro do silêncio interno. Já não era mais permitido se sentir como uma Dama da Noite[2] (*Cestrum nocturnum*) gritante ao calar da madrugada ou, muito menos, como as famigeradas e emotivas Camélias (*Camellia japonica*),[3] as quais exalam um cheiro visceral e sedento por qualquer coisa que estivesse querendo ser bebida. Não à toa a camélia virou sinônimo de prostituta e esteve nos decotes das damas e nas lapelas e cartolas dos *dandys* e *flâneurs* simpáticos ao abolicionismo no Brasil do século XIX.

Muito embora a camélia reaparecesse em algumas situações históricas, como entre os abolicionistas ou nas literaturas irreverentes, pornográficas e de "gênero alegre", o que passou a ditar seu aroma foi a completa estabilidade dos industriais e a cartilha aromática que nomeamos neste estudo de "aromas civicamente possíveis ou aceitáveis" às normas de conduta. Diante dessa nova regra aromática estabelecida, as moças deveriam abafar os cheiros de suas vaginas e seus corpos femininos

---

1 Teoria das paixões encontra-se no livro II do *Tratado da natureza humana*, de David Hume. O filósofo analisa as paixões como algo original e completo em si que, para além de si mesma, influencia as ações e os movimentos humanos.

2 Outros nomes populares: coerana, coirana, flor-da-noite, jasmim-da-noite, jasmim-verde, rainha-da-noite. É uma espécie da família *Solanaceae*.

3 Nome científico: *Camellia japonica* L. É uma espécie da família *Theaceae*, a mesma do chá (preto e verde).

deveriam apresentar cheiro de flor sintética, assim como os homens deveriam exalar os aromas das madeiras.

A figura religiosa de Nossa Senhora foi condenada ao aroma de rosas brancas, flores estas traduzidas, na cartilha dos aceitáveis, como sinônimo de pureza, alvura e limpeza. Ao diabo foi concebido o cheiro de enxofre e de velho. À Lilith,[4] um arquétipo feminino da antiga Mesopotâmia, que, posteriormente, fora apropriada pela igreja católica e modificada em seus aspectos para dar contorno à construção da figura do diabo, foram impostos os cheiros de vísceras, lama, odor de escuro e, portanto, de toda sorte do que era considerado sujeira. Assim, visualizamos como os contornos de domesticação sobre os cheiros desenharam e participaram, ativamente, da construção de ideais de pureza, de moral, de assepsia, racismo, gênero, gerando dualidades entre sagrado e profano, homem e mulher, pobre e rico, limpo e sujo, antigo e moderno.

Como sabemos, no mundo ocidental a beleza de um nariz é medida por sua pequenez. O nariz bonito deve ser pequeno e quase imperceptível, assim como um nariz avantajado é associado à figura do falo e, portanto, à libertinagem. Desse modo, no sistema de vigília o nariz está relegado a duas funções principais: fiscalizar os cheiros que exalam do próprio corpo e censurar os cheiros íntimos que saem dos corpos alheios — os nossos cheiros privados passam a ser controlados pela classificação de permitidos e não permitidos. Os cheiros dos seios, do leite, da menstruação, os aromas íntimos da fisiologia, a escatologia e as pulsões sexuais e emocionais não deveriam alcançar às narinas alheias, assim como as intimidades de outrem não poderiam invadir nossa privacidade.

E assim nos moldamos a ponto de acreditar que não é de bom tom "enfiar o nariz" na comida, cheirar a bebida, a si próprio, o outro, pois atitudes como estas, segundo a civilidade, podem despertar nosso lado animal. A saúde, que se torna uma questão pública e do Estado, mantida por meio

---

4 Lilith é um arquétipo do feminino que foi adorada como deusa na antiga Mesopotâmia (2000 a.c.–539 a.c.). Posteriormente, segundo os estudos da arqueóloga Marija Gimbutas (1991), nos folclores populares medievais e judaicos, ela foi descrita como um demônio.

da higiene, sonega o conhecimento individual do corpo através da experimentação pelo mesmo, e dessa forma perdemos a capacidade de entender o seu bom ou mau funcionamento. Mais perigoso que silenciar os cheiros dos corpos é justamente surrupiar o corpo do próprio dono fazendo ele crer que não tem capacidade de interagir com a própria fisiologia, que seu corpo não deveria experimentar sensações próprias e, portanto, perdendo a compreensão da totalidade funcional de seu organismo. A impossibilidade desse corpo normatizado apreciar suas pulsões e seus desequilíbrios sensoriais torna-se um elemento fisiológico que é estabelecido pela medicina ocidental como doenças, tais quais a histeria, a ansiedade e o pânico.

Há uma ruptura do homem com o próprio físico e parte deste processo é provocado pelo silenciamento do sentido olfativo. É certo que, como uma construção histórica, os cheiros foram contaminados pela teoria dos miasmas[5] que arremessaram os odores à mesma masmorra das doenças. No entanto, os aromas não foram libertos com a queda da teoria dos miasmas.[6] Fato é que crenças são transferidas entre gerações, os cheiros foram demonizados e a crença se perpetuou, não tendo sido totalmente dissolvida entre os populares e em seu imaginário coletivo,

---

5 O médico Napoleão Chernoviz, no seu *Dicionário de medicina popular* dirigido à população e escrito em fins do século XIX, assim define miasma: "Tomando a palavra em sua accepção toda, consideram-se este título todas as emanações nocivas, que corrompem o ar e atacam o corpo humano. Nada há mais obscuro do que a natureza intima dos miasmas: conhecemos muito as causas que os originam; podemos apreciar grande numero de seus efeitos perniciosos, e apenas sabemos o que elles são. Submetendo-os a investigação de nossos sentidos. Só o olfato nos pode advertir da sua presença: não nos é dado tocá-los nem vê-los. A chimica mais engenhosa perde-se na sutileza das doses das combinações miasmáticas: de ordinário, nada descobre no ar insalubre e mortífero que d'elles esteja infectado, enquanto consegue reconhecer n'elle uma proporção insólita, ou a presença accidental de algum princípio gazoso, não nos releva senão uma diminulíssima parte do problema. (...) Dizemos, por conseguinte, a sua composição intima, e occupemo-nos de suas causas, effeitos e dos meios preservativos. Os miasmas fazem parte desse systema geral de imanações, que tem tão grande parte na natureza. Cada ente os recebe e os transmite reciprocamente. Nesta troca continua de elementos, operam-se as misturas, as separações, as combinações mais variadas. Em certos casos, nascem miasmas, espécie de venenos voláteis, invisíveis, impalpáveis, cujas fontes são felizmente conhecidas e que podemos evitar ou destruir. As condições que favorecem os desenvolvimentos miasmáticos estão bem determinadas. Os pântanos oferecem-se em primeiro lugar. Ninguém ignora quanto são comuns, sobre o globo, as moléstias, e especialmente intermitentes benignas ou perniciosas que provem delles. Estes effluvios pantanosos, cujos insalubres efeitos sobem pela decomposição das matérias vegetaes e animaes, são sobretudo temíveis nos paizes quentes visto que a atividade da putrefação está na razão direta do calor." (CHERNOVIZ, 1862)

6 Teoria formulada por Thomas Sydenham e Giovanni Maria Lancisi, durante o século XVII, instalou na Europa o que Alain Corbin (1987) nomeia de "vigilância olfativa", pois que a teoria pregoava que eram dos cheiros pútridos e fétidos, vindos de material orgânico, da terra e lençóis freáticos, que as doenças se reproduziam. O enfraquecimento dessa teoria se dá com o avanço da teoria microbiana (confirmada ao final do século XIX), até tornar-se obsoleta.

até os dias atuais. Contudo, parece também não ter havido um empenho das ciências em desfazer o equívoco em relação aos odores. Afinal, é o homem das ciências que através de seus conhecimentos concede legitimidade a crenças e padrões sociais.

O mundo das ciências privilegiou o campo da visão, munida de microscópios e telescópios, passou a validar o que é passível de controle visual e de vigília. Assim, o mesmo microscópio, que revela não serem as doenças fruto de miasmas e que as mesmas não são trazidas por odores, também retira de vez o olfato das possibilidades do homem da razão. Ora, se os aromas não são causa das doenças, mas, por muitas vezes, consequências delas, o olfato pode ser um termômetro para descortinar a doença de um indivíduo. Porém, a crença dos aromas estarem interligados às doenças somada ao ato de cheirar ser considerado animalesco impossibilitou a constatação de reconhecimento do sentido olfativo como aliado em potencial para os avanços das curas.

Assim, o microscópio foi herói e algoz dos aromas, pois há uma perspicaz diferença entre "os cheiros trazerem/produzirem doenças" e "cheiros serem detectores de doenças". Apesar de a visão microscópica elucidar essa questão, continuava não conseguindo apalpar, materializar e visualizar o mundo dos cheiros. Estes, então, tornavam-se inaceitáveis aos olhos de uma sociedade que, literalmente, passaria a viver da visão. Por conseguinte, ao nariz tentaram interromper sua capacidade de inalar além dos cheiros, como farejar as próprias emoções e as alheias. Tentaram, apenas, pois que não é incomum ouvir vez ou outra de um passante "não sinto um cheiro bom nessa história" ou "essa pessoa não me cheira bem", pois de algum modo o inconsciente límbico fala e manifesta as mais recônditas emoções e sensações.

Os olhos podem estar abertos e hipersensibilizados, o homem da razão precisa ver, os microscópios e telescópios estão "a todo vapor". A visão está estampada no rosto, mas é o nariz que está sempre à frente. A ponta do nariz é que abre os caminhos e fareja as passagens para que os outros sentidos passem e sejam filtrados. Alguns narizes andam orgulhosos, apontando para cima, soberbos, mostrando que não desejam cheirar o que vem de baixo. Talvez sejam empinados, inconscientemente, para inalarem apenas os aromas que vêm de cima. Alguns outros andam apontados para baixo, talvez por seu dono se sentir inferior ou apenas para não tropeçar no caminho. Narizes estampam bem quem somos, nós os apontamos para cima, para baixo e isso depende de nosso humor, estado emocional e sensibilidade.

O que emana emoções de criação, impassível a toda forma de controle, é posto em cárcere: as artes, os movimentos culturais, o corpo liberto, o sexo, o gozo, mas principalmente o corpo feminino, não apenas como gênero, mas como criador do prazer da mulher. O prazer que gera e que cria e não aceita amarras. O gozo não se permite ser imobilizado, pois as contrações de um orgasmo são apenas o prepúcio de uma explosão que acontecerá logo adiante. Em alguns momentos, traz a quem sente um arrebatamento de emoções e sentimentos com tamanha intensidade, que é capaz de fazer gargalhar e chorar simultaneamente.

Nesse sentido, não podemos perder de vista que gargalhar alto "não é de bom tom", é coisa de puta, de vadia, mulher mal educada e, não por menos, a clássica figura religiosa brasileira, a Pombagira, gargalha com as mãos na cintura. Também "não é de bom tom" sentir o cheiro da comida ou das secreções mais íntimas das relações corpóreas, sentir o cheiro de outros ou falar sobre intimidades escatológicas ou sexuais. O prazer do gozo, do gargalhar, a mistura de escatologias com prazer, como desenhos do artista Tunga, em que mulheres estão de cócoras defecando cristais, nos revelando e nos fazendo lembrar de que cristais são escatologias da terra, assim como as fezes são as nossas, em uma bela união de similitude entre cristais e o defecar humano. Chega-se que o que é considerado feio, sujo e inapropriado é similar e fruto do mesmo verbo de ação que produz cristais: o gozo e o defecar da terra, a pressão, a dor. Tudo isso, tão natural e considerado tão abominável. Assim também são os cheiros não civilizados, não podem ser perfumes, não podem ser cristais aos olhares domesticados e infectados pela assepsia da civilidade. Assim, o sexo e o ato de gozar, que a princípio remetem ao íntimo de cada indivíduo, passam por processos assépticos de doutrinação normativa ligadas ao encarceramento do sentido olfativo.

A figura da mulher má e bruxa é lasciva, gargalha e goza. As feiticeiras representadas pela Disney ou em séries da TV ocidental apresentam um enorme nariz ou como acontecia na série americana (1962-1974) ele podia se mexer. A protagonista da série denominada A *Feiticeira* sempre movimentava seu nariz quando intuía algo. Outro exemplo seria o enorme nariz das bruxas nos contos de fada, como o da Baba Yaga,[7] que não só é grande e se move, mas também é usado para mexer o caldeirão, como analisarei no capítulo 3 mais detidamente. A bruxa, a feiticeira, a suja, a má!

As instituições de controle trancafiaram as mulheres no profano, no pecado, na culpa e no medo. E nessa prisão estão a pulsão criativa, o sexo, as artes e os cheiros, isto é, tudo aquilo que nos impulsiona a sentir, gozar e sermos livres. E tal qual o cheiro, que é livre e perambula por onde quiser mesmo diante de todas as tentativas de mascará-lo, nós também seremos livres quando nos permitirmos sentir. Esta pesquisa é um convite e uma lembrança do sentir, das pulsões e das emanações dos nossos próprios corpos, possibilitando uma apreensão profunda de nossas essências.

No entanto, sem perder de vista que este livro nasceu de uma tese de doutorado e que o mundo acadêmico exige comprovações das proposições do sentir aqui proposto, passo a apresentar objeto, objetivos e corte espacial cronológico, molduro as fontes e metodologia utilizadas, além da divisão dos temas por capítulos. Para que eu não me sentisse, em nenhum momento, silenciada pela mesma objeção

---

[7] Baba Yaga é uma personagem de conto esloveno muito popular na Rússia, no mundo eslavo e na Europa. Seus contos foram utilizados pela psicóloga Marie Louise Von Franz (1915-1998), discípula de Jung, na análise da psicanálise dos contos de fadas.

que sofre meu objeto, parti do princípio de que a tese era apenas uma forma de organizar minhas ideias e reverter os cheiros ao seu devido lugar, a saber, o sentir. E, desse modo, este trabalho perfaz o caminho de um esforço de retirar o cheiro dos cárceres da higiene e do "mau cheiro" e relembrar que o sentir é fundamental para uma sociedade saudável, equilibrada e vivaz.

Tendo uma justificativa um tanto quanto coletiva e realmente preocupada em entender a experiência humana, quero dizer, em como paramos de nos permitir sentir, precisei também criar coragem para abordar nesta introdução, finalmente, após esse panorama histórico, o motivo pessoal que me fez adentrar nesse tema. Já havia desistido de trazê-lo, mas revisitando Thomas Kuhn (1962) e Bruno Latour (1979), lembrei-me de que nenhum trabalho acadêmico se faz por pureza ou desinteresse completo. Aliás, isso esbarra em algo que historiadores das ciências vêm combatendo há algumas décadas, isto é, a ciência romântica, hermeneuticamente fechada e sem interesse algum, seja emotivo ou econômico.

Trouxe ainda a questão metafísica para o cerne do embate. Aproximando-me do corpo sem órgãos (CsO) de Antonin Artaud (1896-1948), conceito desenvolvido por Deleuze e Guatarri, também trabalhei com a teoria da intuição de Henri Bergson (1859-1941), para o qual o processo experiencial é uma forma de metodologia tida como absoluta e irrefutável. Se a experimentação se revela bastante tocante ao conhecimento, as questões individuais de meu corpo não poderiam ficar fora desta discussão.

> A experiência sinestésica: ela nos aparece como uma experiência direta, pré-verbal do mundo; uma imersão na sensação, oposta àquela analítica, racional; uma experiência específica do tempo, um tempo agórico, uma presença aqui agora – quase como uma dilação, um tempo deslocado do tempo linear, diacrônico,

da experiência ordinária. Assim, opondo-se a aspectos determinantes de nossa consciência analítica, a sinestesia se oferece como um tipo consciência particular, uma gestalt, uma estruturação do mundo que prové uma cognição distinta – que o sinesteta experimenta, aprecia, mas não consegue exprimir (BASBAUM, 2012, p. 250).

Antes de apresentar o corte espacial e cronológico, narro minha trajetória pessoal com o sentido olfativo. Experiência que dialoga diretamente com a citação acima. Descobri que convivo com a condição neurológica sinestesia em 2012. "Sinestesia" é de origem grega: *syn* (simultâneas) mais *aesthesis* (sensação), significando "muitas sensações simultâneas" — ao contrário de "anestesia", ou "nenhuma sensação" (BASBAUM, 2012, p. 246). Os sentidos sofrem uma espécie de embaralhamento e minha forma de sentir o mundo provavelmente é diferente e um pouco mais aguçada do que a de outras pessoas. Pode-se ter uma ideia inicial de que é interessante sentir assim, mas para mim é indiferente, uma vez que não sei como é experienciar de outra forma.

Em 2012, tive meu primeiro ataque de pânico "consciente" — o quadro ansioso foi formado por sentir um "cheiro de cadáver" (que pode ser descrito como cadaverina ou 1,5-diaminopentano; ou pentametilenediamina ou pentano-1,5-diamina) por mais de 24 horas, incessantemente, dentro da minha residência. Aquilo me enlouqueceu. Ao sair do apartamento, o cheiro passava, mas era só adentrar nele que o aroma voltava. Com o decorrer das horas, percebia que não era o cheiro em si que me incomodava, mas a sensação de pavor que ele provocava. Após contactar a sindicância do prédio, a polícia e o corpo de bombeiros e ter a confirmação de que não havia nenhum vizinho falecido ou animal morto nas lixeiras, fui conduzida ao Instituto Philippe Pinel, no bairro da Urca, no Rio de Janeiro, e, posteriormente, a um tratamento no Instituto de Psiquiatria da UFRJ (Ipub), no mesmo endereço. A partir desse episódio, entendi que passava por um ritual de passagem em aceitar que algo diferente acontecia comigo, o que vinha negando desde a infância, diante de dezenas de outros episódios menos impactantes, porém semelhantes. Dali em diante precisava descobrir o que ocorria no meu cérebro, no meu corpo e por que cheiros eram desencadeados. Na verdade, sempre foi incontestável para mim que alguns cheiros surgiam diante de algumas lembranças e memórias de situações passadas ou ao conhecer alguém ou ver algo que me irritasse por motivo desconhecido.

Por não ser da área de biomédica, o vocabulário de neurociências sempre me foi um desafio, mas o pouco compreendido levou-me a saber que as amígdalas, parte integrante do sistema límbico, com quem o olfato mantém fortes conexões, são responsáveis pelo medo, pânico e instinto de sobrevivência. Logo, toda vez que sinto medo de algo, provocado pelo meio que estou inserida ou por memórias, salientando que memórias são um lapso de duração assimilado pela intuição, como será analisado junto a Bergson na pesquisa, meu olfato reproduz um cheiro de acordo com as emoções sentidas. Soma-se a isso que percepções vindas dos outros quatro sentidos também me instigam sensorialmente – isso significa que sou hipersensibilizada 24 horas, seja por um som mais agudo, uma cor que não me agrada, o timbre da voz de alguém que pode ter uma cor e, dali em diante, sempre ao ver ou ouvir a pessoa, ela terá a tal cor.

Geralmente, pessoas que "meu cérebro" (ou seria a intuição sugerida por Bergson, ou, ainda, a intuição na ponta do meu nariz?) escolhe não gostar do timbre da voz recebem uma tonalidade verde-escuro amarelado, sempre têm cheiro de couve passada e me causam enjoos. E, um segundo passo dessas hipersensibilidades, é a sensibilização do intestino, o que me levou a pesquisar sobre esse órgão que é conhecido, atualmente, como "segundo cérebro". Se cérebro e intestino são conectados diretamente pelo nervo vago e tudo chega no meu cérebro (ou sai), através, principalmente, do sistema límbico e amígdalas, por consequência da sensoridade olfativa aguçada, isso significa que o intestino não viverá em paz, sendo atingido a cada nota aguda, cor vibrante e cheiros com sabores invasivos ou palatáveis. Tudo isso numa simples caminhada pelas ruas.

Aqui, já fazendo alusão à figura dos *flâneurs*, que estarão presentes perambulando do início ao fim deste livro, ora em meio aos *boulevares*, ora escondidos pelos recônditos das esquinas, assim como a diversidade de cheiros por todos os lugares. Sinto-me uma *flâneur* de vanguarda, que, em vez de andar pelas ruas observando-as de forma empírica e analítica, perambulo por elas sentindo tudo ao extremo, com o nariz sempre passando por cima de qualquer tentativa de controle, com uma necessidade extrema de farejar todas as intervenções possíveis.

No entanto, foi um longo percurso até conseguir entender e aceitar que a forma como meu corpo experimenta o meio é completamente intuitiva. Inicialmente, na adolescência, veio o encantamento com os escritos de Aluísio de Azevedo (1857-1913), um *flâneur* pelas ruas do Rio de Janeiro, mesmo que nunca tenha se autonomeado dessa forma. Foi com Azevedo que me identifiquei e aceitei que minha forma entérica de sentir e estar no mundo era possível. Uma forma *outsider* (ELIAS, 2000), logicamente, pois os escritos do autor eram sempre ambientados em cortiços, pensões, estivas e prostíbulos. E o que é entérico, e agora adentrando no mundo dos cheiros, é tido como sujo, imoral, odores baixo nível ou as referenciadas "notas baixas" pela perfumaria normatizada.

Minhas inquietações com o meu sentir e meu intestino me conduziram a um olhar mais detido para as ciências humanas, já que as ciências exatas (KUHN, 1962) pareciam solitárias e não poderiam dar conta do que eu sentia. Em meu flanar pelos meus próprios caminhos internos e rastros que meu nariz, intuitivamente, me levavam, defrontei-me com a hipersensibilidade de Antonin Artaud, dado como louco, assim como também a de Gilles Deleuze (1925-1995), que incorpora o CsO de Artaud como prática, e a de Michel Serres (1930-2019), que se aprofundou na filosofia dos sentidos. Artaud também sofria de hipersensibilidade intestinal, talvez por sentir demais, quiçá teria sinestesia, mas a ciência não teve tempo de constatar. Na verdade, ela ainda não sabe explicar e vai demorar. Minha escolha por um programa interdisciplinar não foi ao acaso; por experiência e experimento próprio, compreendi que para alcançar os cheiros de forma intuitiva no mundo acadêmico teria que fazer uma alquímica união entre as ciências exatas e as ciências humanas.

Ainda, sem querer me estender por um viés político, talvez seja por isso que a população brasileira não reconheça, atualmente, o valor das ciências, principalmente das humanas, pois como sabemos foi criado um mito, com base no positivismo, de que o cientista é, primeiro, um ser isolado, e, segundo, ciências, com C maiúsculo, são apenas as exatas. No entanto, pode-se entender que elas também sofrem com o desmoronamento, por terem dialogado pouco com o senso comum, a partir das ciências humanas. Um diálogo fundamental para que a sociedade estabeleça a importância da educação, do pensamento crítico e analítico. Nesta pesquisa, o diálogo é necessário para compreensão dos cheiros para além de conglomerados de elementos químicos. Nosso corpo sabe que algo paira no ar quando um perfume se volatiza. Há emoções envolvidas: paixão, medo, libido e ira.

Frequentar o Ipub por um período fez com que eu reavaliasse como me sentia em relação ao meu modo de vivenciar o mundo e me questionasse sobre o que é doença. Esses trânsitos me levaram a interagir com os estudos de Nise da Silveira (1905-1999) e com a arte de Tunga (Antonio José de Barros Carvalho e Mello Mourão, 1952-2016). Revisitei os teclados coloridos do pianista Alexander Scriabin (1872-1915) e a história normatizada do perfumista e músico Septimus Piesse (1820-1882). Entendi que o mesmo não era um louco extravagante, por ter acoplado frascos de odores nos teclados de seu piano, mas sim um experimentador, que procurava sentir e expressava sua sensibilidade através da arte, malfadada em um sistema que nos silencia e padroniza.

Ao lado da arte está também o sexo, o erotismo e as pulsões orgásticas. A arte não agradável aos olhos normatizados, que chamarei aqui de entérica ou *outsider*, como foi/é vista a de Tunga, com suas instalações de fezes, urina e sexo, ou então a escrita, mesmo que positivista, dos cheiros escatológicos e pungentes de Aluísio de Azevedo e a imprensa pornográfica do século XIX.

A partir desse percurso, passo a considerar o que nomeio de perfumaria ancestral, ou seja, aquela anterior ao processo de industrialização e normatização dos cheiros, cuja manifestação é artística, experimental, intuitiva e visceral. Os cheiros do corpo também podem ser incluídos na ideia de perfumaria ancestral intuitiva, se pensarmos pela perspectiva do CsO e de Bergson, o que será analisado no capítulo 1. Vistos por esse ângulo, os cheiros corporais seriam o resultado do que os sentidos expressam através do corpo, capaz de nos fazer vivenciar uma magnitude de emoções: um medo, uma pulsão sexual, um alívio, um torpor.

Interpretar o sentir dos cheiros como arte e processo de experimentação retira a condição neurológica da sinestesia do patamar de doença ou desequilíbrio. Dessa forma, ver formações geométricas ao ouvir as guitarras de Dire Straits, sentir cheiro da cor vermelho-escuro ao ouvir Beethoven ou ver circunscritos de cores em um orgasmo pode ser concebido não como um tipo de doença ou desequilíbrio mental, mas uma forma de sentir o mundo e apreendê-lo sob o viés metafísico.

Em meio a tanto sentir, tive que aprender a civilizar-me para ser aceita, a podar-me, domesticar, não falar abertamente sobre a condição sinestésica. Por ironia, virei minha maior vigília e punidora, tracei meu próprio processo civilizador, precisei enfrascar-me e resido onde é possível, como os cheiros mais viscerais das "notas baixas". A tese que deu origem a este livro foi defendida em uma das maiores universidades do país e pareço estar ao lado dos estabelecidos, mas eu e Norbert Elias sabemos que serei para sempre uma *outsider*.

Salientando os pontos práticos desta pesquisa, retomo o fato de que o objeto de estudo é o cheiro não civilizado, domesticado ou não aceitável socialmente. A hipótese é que esses cheiros foram silenciados por um processo civilizador que já vinha ocorrendo na Europa e que chega ao Brasil junto com as normas de condutas morais, com o positivismo e com a medicina higienista. Esses fatores acarretam uma série de mudanças, não só comportamentais, em relação ao cuidado com o corpo, mas principalmente nas mentalidades e na forma como a sociedade passa a lidar com as próprias emoções.

A linha de pesquisa utilizada neste trabalho foi a história das sensibilidades e, como embasamento teórico, os estudos sobre a intuição de Bergson (1907). O objetivo central foi analisar como essas mudanças no âmbito da mentalidade ocorreram e se apresentaram em relação aos cheiros não civilizados. A metodologia inicial escolhida foi a apuração da fonte primária extraída do *Jornal de Senhoras*, em comparação com manuais de códigos de conduta e almanaques de medicina. Entretanto, no decorrer da pesquisa, os cheiros incivilizados não apareciam nesses tipos de fonte. Invariavelmente, essa ausência poderia comprovar minha hipótese e responderia ao objetivo central, mas houve enorme aspiração à descoberta do esconderijo do objeto.

Reitero que no decorrer da pesquisa avaliou-se que a maior mudança foi na questão sexual, principalmente para as mulheres. Assim, o jornal pornográfico *O Rio Nu* se tornou a fonte principal, pois além das reflexões sobre o gênero, a periodização dos seus escritos era similar ao corte espacial-cronológico proposto (1870-1940). A metodologia passou de comparativa para quantitativa de termos e qualitativa para as temáticas, encontrados através dos vocabulários em distintos exemplares de jornais. Além disso, a obra *O cortiço*, de Aluísio de Azevedo, foi uma espécie de fio condutor do trabalho metodológico e material proveniente das fontes.

Passado o rompante da escrita acima e aceitando a condição do processo civilizador acadêmico, métodos e paradigmas acordados, distancio-me agora o máximo possível de meu objeto e entendo que minha proposta, mesmo diante de um programa interdisciplinar, pode ser caótica e de vanguarda em demasia para alguns estudiosos.

Partindo inicialmente de um contexto histórico mundial, a proposta da pesquisa foi averiguar se a mudança de concepção olfativa era verossímil e em que medida ela foi movimentada pelo processo civilizador somado ao discurso de boa saúde, higiene e sanitarismo, originário da Europa. Sabe-se que no final do século XVIII, a Revolução Industrial se estabeleceu, mas foi no último quarto do século XIX que ela alcançou os cheiros junto à compreensão química da estrutura e síntese de moléculas utilizadas na perfumaria. Em 1884, Paul Parquet, dono e perfumista da Houbigant Fougere Royale, por exemplo, utilizou a cumarina sintética[8] com aroma análogo ao marzipan e, em 1889, o famoso perfumista Guerlain empregou a vanilina,[9] uma essência de baunilha sintética possibilitada pela descoberta da reação química Reimer-Tiemann, em 1874 (MAZZEO, 2011).

A concepção olfativa já vinha sofrendo modificações socioculturais a partir do final do século XIX, a pesquisa analisou esse processo junto ao momento em que a industrialização alcançava o mundo dos aromas. A indústria tornou-se uma das principais personagens das novas sensoridades e sensibilidades aprovadas pela cartilha da civilidade transvestidas de higiene, sanitarismo e determinados padrões de beleza.

Compreende-se que a mudança na concepção olfativa acarretou também transformações comportamentais culturais, além de infundir e estimular parâmetros de demarcadores sociais que desenhavam, além da segmentação de classes, convicções morais que distanciavam, cada vez mais, o indivíduo do seu próprio corpo e, logicamente, de suas sensações, criatividade e gozo. Essas mudanças sobre os modos de comportamento dos sentidos, sobretudo do

---

8 Muitas plantas contêm cumarina, como a fava tonka e a baunilha, e diversas frutas também, como cereja, morango, cassis e damasco. August Vogel isolou a cumarina pela primeira vez a partir da fava tonka e trevo doce, em 1820. Ele havia confundido cumarina com ácido benzoico. No mesmo ano, o farmacêutico francês Nicholas Jean Baptiste Gaston Guibourt descobriu o erro e nomeou o novo composto "cumarina" (do termo francês para fava tonka, *coumarou*). Em 1856, Friedrich Woehler determinou a estrutura da cumarina e, em 1868, William Henry Perkin a sintezou pela primeira vez em laboratório. Dez anos depois (1877), ele inventou a produção industrial dessa substância.

9 Substância encontrada nas espécies das plantas do gênero *vanilla*, da família das Orquidáceas; usada em perfumes, como aromatizante, em fármacos etc.

olfato, tinham seu discurso elencado como uma questão de saúde e de higiene, mas partilho da afirmação de Norbert Elias, segundo a qual "o processo civilizador 'constituiu' uma mudança na conduta e sentimentos humanos" (ELIAS, 1993, p. 193), que serviram não apenas para o controle sanitarista, mas principalmente para resguardar o homem de sua própria paixão.

Voltando o recorte para o Brasil, no ano de 1870 é publicado *Memória póstumas de Brás Cubas*, de Machado de Assis (1839-1908), e *O mulato*, de Aluísio Azevedo (1857-1913). A primeira, obra realista, e a segunda, naturalista, cujos estilos literários estão em consonância com o corte espacial-cronológico desta pesquisa. O estilo realista pretendeu mostrar a realidade e suas temáticas atravessaram questões sociais, econômicas e situação dos trabalhadores industriais, enquanto o naturalismo surgiu em meados do século XIX como uma expansão do realismo. Seus autores e artistas tiveram uma visão materialista acompanhada da ascensão da burguesia científica na busca para solução de questões sociais, de acordo com os intentos científicos da época.

Na visão materialista não havia floreios e as mensagens reais e cotidianas eram passadas de forma pragmática ao interlocutor. Dentro das temáticas apresentadas por esse estilo, as que interessaram nesta pesquisa foram a do corpo e a da sexualidade, reconhecidos como local de disputas sociais. O marco inicial do realismo foi a publicação da obra *Madame Bovary* (1857), de Gustave Flaubert (1821-1880). Já o naturalismo teve início em 1867, quando foi publicado o romance *Thérèse Raquin*, de Émile Zola (1840-1902).

O movimento realista foi influenciado pelo cientificismo, pela Revolução Industrial e pelo positivismo de Auguste Comte (1798-1857). Foi justamente imbuído de uma escrita direta e do recurso da *le mot Juste*, que foi possível encontrar o cheiro em seu formato mais escrachado e não civilizado numa dama considerada depravada, como Madame Bovary, inventada pelo *alter ego* de Flaubert (*Madame Bovary, c'est moi*). O escritor francês chegou a ser preso por obscenidade por dar voz a uma personagem controversa para a época, pois Madame Bovary cedeu às suas paixões e traiu seu marido. No mesmo ano, Charles Baudelaire (1821-1867) era processado pelo mesmo motivo ao publicar *Flores do mal*.

As obras dos autores franceses inspiraram o realismo e o naturalismo no Brasil. Artistas e escritores nacionais consumiram as *personas* desses autores estrangeiros como o *flâneur* e o *dandy*, comuns nas ruas da Belle Époque carioca. Foi o estilo *flâneur* que deu o tom para que testemunhas oculares como o *dandy* João do Rio (1881-1921) e Aluísio de Azevedo descrevessem o Rio de Janeiro de forma nua e crua. Ela era a capital do país e nela conviviam o zé povinho,[10] as cabeças de porco,[11] a família imperial, as pessoas negras escravizadas e os entusiastas da república.

Assim, as obras de Aluísio de Azevedo foram também norteadoras do corte espacial-cronológico desta pesquisa, por ser o maior expoente da literatura naturalista brasileira, como também por minha forte ligação pessoal com o autor, já que foi por intermédio de suas obras, como *Casa de pensão* (1884) e *O cortiço* (1890), que apreendi, pela primeira vez, que algo especial ocorria entre mim e o sentido olfativo, uma vez que a escrita naturalista descreve detalhadamente os cheiros naturais não como repugnantes, mas como parte da realidade.

Foi por meio do naturalismo que os cheiros dos cortiços, os cheiros escatológicos, das ruas e dos corpos das moças que não podiam usar produtos finos de toucador ganharam atenção da literatura que "flanava" na cidade do Rio de Janeiro. Do outro lado da rua, junto a todo esse "mau cheiro", a Casa Granado abria as portas também no ano de 1870 e ganhava as graças do imperador. Como forma de nos levar alguns momentos às ruas do Rio de Janeiro, extratos de *O cortiço* entrelaçaram este escrito, já que é interessante observar como as narrativas naturalista e

---

10 Forma como a categoria povo era chamada nos folhetins e periódicos da época.
11 Forma como eram chamados os cortiços.

realista chegaram ao Brasil em um momento onde a civilidade também tecia sua presença e se afirmava como ideal.

Foi justamente nesse período que observamos conflitos entre os cheiros civilizados, que ganhavam contorno por intermédio de almanaques de medicina voltados ao populacho, como o *Pharol da Medicina*[12] (1887-1940), *versus* os "cheiros reais", saídos dos cortiços e das Bertolezas[13] de Aluísio de Azevedo e do jornal carioca de "gênero alegre" *O Rio Nu*, que circulou entre 1898 e 1916, apesar de intrigas e proibições. Ele era lido por homens, mas também por mulheres, e, nas suas edições, faziam questão de debochar do higienismo e do controle excessivo dos costumes sociais na cidade.

No capítulo 1, "Metendo o nariz onde não foi chamado", foi traçado um panorama sobre o objeto estudado, os estudos científicos atuais (década 2000) sobre o olfato e a tentativa de diálogo entre esses e os vocabulários olfativos cotidianos. Artaud, Deleuze, mas, principalmente, Bergson, junto à teoria da intuição, foram introduzidos no debate sobre o olfato, a fim de trazerem, como uma "nota baixa", estrutura para o presente estudo. Também a história da sensibilidade foi evocada no debate a partir de um breve panorama crítico do modo como o cheiro está situado na historiografia.

No capítulo 2, "Essa história não me cheira bem", foi analisado de forma não linear como a instituição religiosa, o positivismo e a industrialização participaram do processo civilizador e tiveram papel central na domesticação do olfato. A ideia desse capítulo não foi traçar profundamente nenhum desses movimentos, mesmo porque isso já foi feito por Alain Corbin (1982). O objetivo central do presente estudo é compreender como o sentido olfativo sofreu modificações em suas concepções e em como isso afetou as mentalidades e comportamentos sociais ou, pelo menos, de alguns grupos específicos. Assim, foi inevitável alcançar alguns

---

12 *O Pharol da Medicina* era editado pelo português José Antônio Coxito Granado. Nele, médicos, farmacêuticos e seu fiel público eram informados sobre os novos produtos da sua farmácia.

13 Bertoleza é a principal personagem feminina de *O cortiço*.

processos históricos anteriores que contribuíram para o silenciamento do olfato, seja por intermédio da higiene, seja por meio da culpa sexual ou pelo distanciamento da natureza, ambos culminando na mecanização do corpo e no silenciamento do prazer.

Diante dessas constatações e com a soma de mais uma fonte primária (o primeiro periódico pesquisado já responderia minha hipótese e daria conta do objetivo central, mas quis ir além e realmente descobrir onde os cheiros imorais estavam escondidos), foi inevitável o nascimento do capítulo 3, "O corpo é uma festa", que analisa a subjugação do corpo da mulher e seu prazer a partir dos cheiros.

O capítulo 4, "Bem embaixo do meu nariz", traz a análise das fontes, com destaque para *O Rio Nu*. Foram utilizadas como metodologias práticas o mapeamento de termos e as comparações entre periódicos de público diferenciado, além de uma análise contundente dos achados sobre cheiros na publicação referida. Por fim, uma conclusão que objetivou captar a essência do que vem ocorrendo no Brasil hoje, a partir das transgressões ou repressões sobre os sentidos e os sentimentos, demonstrando uma sociedade mergulhada em pudores e conservadorismos.

Para além de tudo o que foi dito, esta pesquisa se justifica, pois o Brasil é um dos países que mais consome perfumes. Atualmente, segundo a Associação Brasileira da Indústria de Higiene Pessoal, Perfumaria e Cosméticos (Abihpec), somos também um dos países com maior mercado para perfumaria. A entrada dos produtos olfativos vendidos junto à ideia de bem-estar e higiene foi massiva no país. A população nacional já tinha hábitos de limpeza. Diante disso, foi imperativo forjar o conceito de que apenas os banhos tradicionais com ervas não eram suficientes para manter a saúde, disseminando para a população que os odores de ervas e afins não eram compatíveis com a concepção de civilidade e limpeza (KOBAYASHI, 2012).

O Brasil, segundo a Agência Brasileira de Desenvolvimento Industrial (ABDI), já é o terceiro maior mercado consumidor da indústria de

Higiene Pessoal, Perfumaria e Cosméticos (HPPC).[14] Na historiografia brasileira, há estudos sobre a introdução dos produtos industriais de higiene pessoal no país e de como esse fator está em consonância com o movimento de modernidade e o processo civilizatório nacional. Todavia, há poucos trabalhos de historiografia inclinados, diretamente, à questão dos cheiros, da mudança da sensitividade olfativa, bem como da perda das potências sensoriais. Cheiros ainda estão presos ao aspecto higiênico, sendo preciso transpor essa barreira no mundo acadêmico brasileiro, visto que a questão olfativa recebeu prêmio Nobel, em 2004, pelo trabalho dos pesquisadores Linda B. Buck e Richard Axel, ao mostrarem que a cadeia de receptores olfatórios pertence a uma família de genes composta por oitocentos genes humanos, a maior até agora já estudada.

Assim, esta pesquisa pretende analisar e compreender como o olfato industrializado influenciou questões inerentes ao imaginário, comportamento e às sensibilidades, através das transformações nos hábitos, em especial sobre o corpo das mulheres. E contribuir para entender por que um povo que usa demasiadamente produtos "silenciadores" de cheiros naturais, perfuma seus corpos, seus banheiros, casas, apresenta, também, dificuldade em absorver obras como as do artista Tunga,[15] que trazem à tona o desejo e o extinto por meio da estética de matéria bruta. Afinal, nossos excrementos não são considerados civilizados e, até os dias atuais, um processo de naturalização dos

---

14 O Brasil manteve em 2013 o título de terceiro maior mercado consumidor do mundo. A venda de produtos de HPPC no país somou US$ 43 bilhões nesse ano, a preço praticado no varejo, conforme dados do Instituto Euromonitor. O Brasil participa com 9% no consumo mundial de HPPC e com 54% na América Latina. Somos também o primeiro mercado consumidor em desodorante e fragrâncias; o segundo em banho, cabelos, depilatórios, infantis, masculino e proteção solar; o terceiro em maquiagem e higiene oral; e o quinto em pele. Destaque para duas categorias de produtos, desodorante e condicionadores de cabelo, ambos com cerca de 22% de participação no consumo mundial. Informação retirada do site da ABDI: http://www.abdi.com.br/PublishingImages/HPPC/2014-NEWSLETTER%20PDS, acessado em 12 de outubro de 2015.

15 Em referência às obras do artista no pavilhão do Museu de Inhotim, em Minas Gerais, em que pedaços de cristais brutos parecem fundir-se ou fazerem parte da mesma matéria ou nascença de fezes e urinas. Há também desenhos de mulheres defecando cristais, não fezes, como uma anedota alquímica em que leva a perceber que fezes são tão naturais quanto cristais. É interessante observar a reação das pessoas no pavilhão e acompanhar a repulsa até o grau máximo de não conseguir acompanhar as obras.

cheiros do corpo humano, as experiências relacionadas à manifestação, à observação ou à admissão desses aromas ganham um *status* de oposição aos ideais de saúde e higiene, mas, principalmente, de inadequação social e moral. Assim, obras artísticas e literárias que trazem a pungência do erotismo, dos excrementos, dos instintos, da escatologia, dos gêneros, do prazer e da naturalidade dos corpos e do sexo são barradas por nossos olhos, ouvidos, boca e retiradas dos museus e do público. Infelizmente, o nariz civilizado aceita.

1.
"Metendo o nariz onde não foi chamado"

> Eis a fronteira ou catástrofe, a borda que abre ou fecha as repugnâncias que diríamos instintivas: sob a terra, no túmulo, cheiros escuros, espessos, acres, muito baixos (SERRES, Michel. *Os cinco sentidos*, 2001, p. 166).

Nariz antes do órgão

O nome do capítulo é proposital e enlaça esta pesquisa: meter-se onde não se deve, onde não convém, onde é dado como feio, sujo, perigoso e baixo. Meter-se no desconhecido, no limbo, no límbico, meter-se onde as vísceras chamam, mas que dizem que não se deve ir. Meter o nariz é um ato revolucionário e de resistência. É se permitir sentir em uma sociedade na qual experimentar não é permitido. É a partir da vigilância panóptica que pune (FOUCAULT, 1997, orig. 1975) e de estabelecidas reservas ao sensível que se desconstrói no indivíduo as vivências que possibilitariam descobrir-se junto às vontades que eclodem no próprio corpo.

Para o filósofo francês Deleuze (1997, orig. 1969), o corpo é um território de sensibilidades que só é possível de ser habitado e consciente de si quando sente e vive a sensorialidade por puro existir antes de suas funcionalidades. No entanto, é a partir da desconfiguração do homem em relação ao seu sentir, junto ao convencimento de que o que se sente é errado, por meio da persuasão institucional como medo, moral e culpa, que se fomenta o afastamento do sujeito de sua sensoridade (FOUCAULT, 1997, orig. 1975; LE BRETON, 2003, 2011).

Assim, constrói-se um indivíduo insensível a si mesmo que, por conseguinte, não desenvolve sensibilidade alheia, seja por não entender os limites do sentir/corpo do outro, uma vez que não habita o seu próprio (o que seriam os processos de violência social), seja por intermédio de uma medicina mecanicista, invasiva e higienista, que não se permite cuidar do corpo como processo de vivência e experimentação contínuas, o que resulta em formas de vigília e punição.

Dessa forma, foi possível pensar os subjulgamentos impostos ao olfato a partir das ideias de limitação/punição presentes em Foucault e no CsO de Deleuze. A prática de um corpo sem órgãos pode se mostrar deveras subjetiva e subversiva para a sociedade ocidental estruturada sob a ótica iluminista e positivista (que será analisada junto à filosofia higienista no capítulo 2), desenvolvida em pragmatismo e análise com distanciamento do objeto.

De vários sinônimos possíveis que cabem ao processo civilizador (ELIAS, 1993, 1994), a padronização talvez seja um dos principais para o corte cronológico desta pesquisa, visto que o ideal higienista e positivista desembocaram na industrialização e contribuíram com a sua formação teórica. É o positivismo quem dá o tom do que é perfeito e tem qualidade, método e eficácia pragmática. Um processo industrial é considerado adequado quando a padronização de milhares de produtos encontra-se alinhada. Produtos perfeitamente iguais entre si é um indicativo de qualidade no sistema social capitalista e na sociedade moderna. Diante desse profundo processo, erigido em longa duração, as pulsões do corpo humano também não sairiam ilesas. Contra essa mecanização e a imposição da vigília, a ideia de um corpo antes imbuído de um sentir supremo, iniciada por Antonin Artaud (1935), era demasiadamente esquizofrênica[16] para o paradigma do higienismo e da ordem do progresso propagadas e estruturadas.

Para Deleuze, o corpo sem órgãos deveria ser um conjunto de práticas, um corpo livre antes como território do sentir e das pulsões, não sendo contrário aos seus órgãos, mas sim ao corpo mecanicista, visto e organizado como orgânica dos órgãos (DELEUZE, 1991, 1997). Seria o corpo sem os aprisionamentos das retóricas que propunham organizar, medir, preparar, disciplinar o organismo como partes, não permitindo o corpo ser um território que sente e é sentido e que poderia ser habitável em si. Nesse ponto de vista, os órgãos são aceitos como pertencentes a um inteiro e não pensados, mas sentidos, rumo ao pensamento mecanicista, que inclusive forma a medicina ocidental, de um órgão por vez, como que separados, e um sentido por vez, sem capacidade de sinestesia.

Neste ponto é importante abordar as doenças. O adoecimento, como principal preocupação do higienista, pensando por outro ângulo,

---

16 Aqui o termo esquizofrenia é utilizado como provocação, já que o conceito do corpo sem órgãos nasce com o poeta francês Antonin Artaud, que é categorizado como doente, portador de esquizofrenia. Ele desenvolveu a ideia de um corpo sem órgãos enquanto viveu em manicômios e recebeu tratamento medicamentoso e eletrochoque. Posteriormente, Deleuze resgata a ideia de Artaud, propondo que o corpo sem órgãos seja uma prática.

de forma holística, a partir de um corpo sem órgãos, seria uma espécie de exteriorização de um corpo que não sente ou não está vivenciando o organismo de forma integral, mas em organicidade e divisões dos órgãos entre si e, ainda, destes com os sentidos. Le Breton, em seus estudos sobre antropologia do corpo e modernidade, argumenta que a medicina ocidental despersonalizou a doença:

> Esta [a doença] não é mais percebida como a herança da aventura individual de um homem situado e datado, mas como a falha anônima de uma função ou de um órgão. O homem é atingido pelo ricochete de uma alteração que concerne apenas ao seu organismo. A doença é colocada como uma intrusa, nascida de uma série de causalidades mecânicas. Na elaboração gradual de seu saber, e de seu saber-fazer, a medicina negligenciou o sujeito e sua história, seu meio social, sua relação com o desejo, a angústia, a morte, o sentido da doença, para considerar apenas o "mecanismo corporal" [...] Não é um saber sobre o homem, mas um saber anatômico e fisiológico, levado hoje ao extremo grau de refinamento [...]. O homem é concebido *in abstracto* como o fantasma reinante em um arquipélago de órgãos, isolados metodologicamente uns dos outros (LE BRETON, 2011, p. 286).

A corporeidade maculada e o corpo destrinchado em suas partes físicas e de seu extrato etéreo são estruturas que dão a base para entender os sistemas institucionais que põem em prática esses processos mecânicos. Reavivar o debate filosófico sobre o corpo em uma pesquisa que tem por objeto um dos sentidos é primordial para não se ir direto aos processos (industrialização, mecanização das obras, dos corpos, padronização etc.).

Afinal, a industrialização não originou a domesticação, mas ela também foi uma consequência de uma arquitetura sofisticada de controle. Do mesmo modo, a medicina ocidental não nasceria inflexível ao corpo e suas emanações porque assim se fez, mas é efeito de um processo histórico social de longa duração que se propôs e ainda propõe manipular as potências humanas por intermédio da criação e estímulo de sentimentos castradores como expiação, controle e culpa (constatação aprofundada nos capítulos 2 e 3). Castrar é um bom verbo quando se pesquisa o sentir e os movimentos iluminista (século XVIII) e positivista (século XIX), momentos históricos castradores da corporeidade, como será aprofundado neste capítulo.

Os pensadores da capital do perfume

Artaud, Foucault, Deleuze, Serres, Le Breton: é interessante notar que os intelectuais que mais se debruçaram sobre o entendimento dos sentidos vieram da França, justamente onde o Iluminismo nasce e silencia as vísceras como libido. É na França também que nascem os principais manuais de etiquetas e de bom-tom para o restante da Europa e suas colônias. E, finalmente, é na França que os perfumes florescem, não como vanguarda, mas advindos de uma indústria que começava a se formar e passava a instituir regras de etiqueta, a fim de mascarar as pulsões e criar marcadores de diferenciação social.

Assim, antes de dar início aos cheiros de fato, foi preciso articular uma linha bibliográfica com intelectuais franceses. É importante salientar que o país que, desde o século XVIII, vem tapando os narizes e criando regras no olfato e nos comportamentos, parece também colocar-se contra essa categoria a partir da formação de intelectuais que discutiram este aprisionamento e domesticação dos sentidos. O mesmo país que cria regras de conduta para o farejar e recebe a alcunha de capital dos perfumes, lê-se, perfumes socialmente aceitos, também procria uma gama de pensadores que vão de encontro a esses ideais mascaradores.

O movimento positivista e seus posteriores desdobramentos acabaram por provocar uma gama de intelectuais que buscavam se contrapor a partir dos estudos sobre o sentir. Na contemporaneidade, há aqueles que revidam o cientificismo em várias temáticas sociais, como Michel Serres (2001). Aqui é importante destacar, além da figura desses pensadores, a do *flâneur*,[17] também de origem francesa e recebendo forte influência do positivismo. Ele se sentia um observador empírico dos *boulevards* e descrevia de forma direta e realista o que via. Tanto os pensadores "do sentir" como os *flâneurs* são expoentes importantes nesta pesquisa. Os primeiros pelo viés do questionamento sobre um sistema que domesticava, e, os segundos, por se utilizarem das estruturas desse sistema, no caso a empiria da observação, com um olhar para o que ocorria nas ruas.

Os *flâneurs* do Rio de Janeiro na virada do século XIX para o XX observavam não só os perfumes vindos de Paris para civilizar uma capital de colonizados (como será apontado nas fontes no capítulo 3), mas todos os cheiros emanados dos cortiços, dos prostíbulos e das estivas. E se o positivismo pretendeu que as apreensões subjetivas humanas não eram conhecimento válido, atualmente os escritores inspirados na filosofia higienista da época são os que, ironicamente, garantem fontes e materiais para esta pesquisa, pois revelam os cheiros não civilizados da sociedade no passado.

Introspectivamente invasivo, o nariz sempre tentou se meter onde não foi chamado. Mas onde ele não foi chamado e por quê? Quem delimitou essas chamadas? E por que o nariz é utilizado em tantas expressões que comprazem rebeldia, revolta e paixões?

---

17 *Flâneur* é um termo francês que significa algo como vadio ou perambulante. Foi um estilo de vida adotado por alguns escritores e artistas do século XIX em Paris. Ele andava às ruas como observador, a fim de depreender a realidade. É uma figura cultural, produto do positivismo, pois suas observações e, posteriormente, descrição sobre o que viam têm a ver com o espírito positivista da época e suas metodologias de observação, empiria e descrição do objeto de estudo. Como o Brasil, principalmente o Rio de Janeiro, por ser capital do império, consumia a cultura francesa pelo próprio processo civilizador do qual sofria interferência, a figura de *flâneur* também se fez presente entre os cariocas, sendo um de seus maiores expoentes o jornalista Paulo Barreto (1881-1921), conhecido como João do Rio.

O nariz como órgão

> Se quiserem, podem meter-me numa camisa de força, mas não existe coisa mais inútil que um órgão. Quando tiverem conseguido um corpo sem órgãos, então o terão liberado dos seus automatismos e devolvido sua verdadeira liberdade (ARTAUD, 1983, orig. 1947).

Seguindo a trilha de Deleuze no que tange seus estudos sobre o CsO, este capítulo apresentará um breve panorama do olfato como órgão. Doravante, alguns apontamentos de descobertas do olfato mecânico, objetivando, consecutivamente, depreender desses estudos científicos atuais (década de 2000) situações cotidianas relativas à olfação que se mostram muito reveladoras quando se permite fazer uma ponte interdisciplinar entre os elementos biológico e cultural.

Como sabemos, o olfato é o mais primitivo dos cinco sentidos e para o homem da razão ele deveria ser posto no limbo:

> Já no século XVI, Descartes deixará claro que o sentido da ciência era a visão, e essa posição foi fortalecida nos séculos seguintes. Os cheiros, tão difíceis de medir, dominar e recriar, estavam indubitavelmente entre os estímulos sensoriais menos acessíveis aos métodos da ciência (CLASSEN, 1996, p. 100).

A palavra límbico vem do latim, *limbus*, e significa a borda ou a margem. Mesmo que seja por uma questão fisiológica, é fato que esse sistema junto a sua ligação com o olfato realmente foi deixado à margem pelos motivos já elencados até aqui. O límbico era estudado no Ocidente desde o século XVII. Em 1664, Thomas Willis designou o anel cortical que circunda o tronco cerebral de *cerebrilimbus*. O límbico é uma parte famosa pelo senso comum que admira perfumes. É habitual em textos corriqueiros sobre aromas trazerem a informação de que perfumes são importantes porque o olfato está ligado ao sistema límbico.

O sistema límbico possui ligação direta com o hipotálamo, não tendo acesso ao tálamo, como todos os outros sentidos. O tálamo, como parte do sistema límbico, reorganiza todos os outros estímulos sensoriais, transpondo-os para as suas devidas áreas corticais, a fim de serem interpretados. Apenas os sinais do olfato são enviados diretamente ao córtex cerebral sem que cheguem a ser decodificados (filtrados) pelo tálamo:

> Essa é uma das partes mais interessantes dos cheiros em nossa fisiologia, pois é exatamente aqui que ela se difere dos outros sentidos sensoriais. Enquanto os demais seguem para o tálamo antes de atingir o córtex, o sentido olfativo segue sem impedimentos. Acontece que o tálamo é uma espécie de filtrador cerebral e encarrega-se de "analisar" o que os sentidos trazem do meio externo a fim de, talvez, evitar uma pane no sistema ou proteger o organismo, o que pode ser analisado como uma espécie de evolução comunicativa entre os sentidos e o cérebro. "O córtex piriforme é um tipo mais primitivo de córtex e, por isso, chamado de paleocórtex", no entanto, mesmo não sendo as concepções olfatórias "filtradas" pelo tálamo, este se conecta "com o lobo frontal e neocórtex, restabelecendo-se então o esquema 'normal' de conectividade sensorial" (LENT, 2010, p. 345).

O excerto acima revela que o ato fisiológico do cheirar é o que se apreende e tudo isso ocorre em menos de um segundo. A intensidade desse sentido é tamanha que não há como fugir e não é possível escolher parar de respirar. Ainda, os circuitos neurais que ultrapassam o córtex piriforme e alcançam o límbico são justamente os responsáveis pela "participação da olfação em comportamentos motivados, ou seja, aqueles que derivam de um forte impulso nem sempre consciente, como são a fome e o sexo" (LENT, 2010, p. 345). Nas palavras de Malnic:

> Os sinais olfativos são transmitidos também pelo sistema límbico, uma região do cérebro considerada mais primitiva do que as regiões corticais, e que é responsável pelo desencadeamento de emoções e memórias. Alguns cheiros fazem com que o sistema límbico ative o hipotálamo G, região do cérebro que estimula a produção de hormônios que controlam uma série de comportamentos inatos, como a reprodução sexual e apetite (MALNIC, 2008, p. 19).

Se o cheiro não é "filtrado", ele precisaria ser equilibrado ou silenciado, diante de um processo civilizador forçado. Seria necessário conter e disciplinar as emoções primitivas e animalescas, primárias, como o simples fato de ter apetite, comer e sentir-se instigado a fazer sexo.

Para a cientista Betina Malnic (2008), que integrou a equipe de Linda Buck e Richard Axel, ganhadores do prêmio Nobel em 2004 por decodificar a cadeia genética olfativa, o olfato recebeu uma inicial falta de interesse nas ciências, provavelmente, pelo "fato de que, em geral, sempre se acreditou que o homem tem um olfato empobrecido, principalmente quando comparado a outros animais" (MALNIC, 2008, p. 9).

Notadamente, a pesquisa fomentou um novo olhar para o sentido olfativo no mundo acadêmico após o prêmio de 2004, mas ele não foi esquecido porque era considerado empobrecido, mas porque era animalesco, se a leitura for feita sob um olhar sócio-histórico e analisado sob longa duração. Acreditar que o olfato foi colocado no limbo por ser pobre em relação aos demais animais é uma retórica das ciências engendrada pelo homem da razão do século XVIII, que observava o olfato humano não somente como pobre, mas realmente inferior e, por isso, perigoso.

Afinal, é ele quem nos aproximava ou nos equiparava aos animais. O olfato fugiria à racionalidade proposta, à disciplina sobre as paixões e ao movimento positivista revigorado por Comte, posteriormente.

Aqui, mais uma vez, pode-se entender que o olfato não foi esquecido pelas ciências por ser considerado empobrecido, ou porque os humanos têm menos potencial olfatório que os outros animais, mas, ao contrário, justamente por lembrar a condição animal humana, por ativar o devir-animal do homem numa acepção deleuzeana, ele foi silenciado. Longe de anacronismos, observa-se que o sentido olfativo humano não é tão empobrecido assim diante do olfato de outras espécies. Segundo Malnic:

> (...) o tamanho do bulbo olfativo é maior em cães e camundongos. Por outro lado, no homem, as regiões cerebrais envolvidas na detecção dos cheiros, tanto corticais como do sistema límbico, são mais extensas do que se imagina (MALNIC, 2008, p.19).

A ciência pura

Antes de prosseguir, um adendo sobre o que é descoberta científica. Há uma ampla discussão dentro da historiografia das ciências sobre o que move o cientista a pesquisar um objeto e quais interesses e ferramentas desenvolvem os avanços de uma pesquisa. Os pesquisadores Luiz Otávio Ferreira e Simone Kropf (1998) balançaram a questão de um dos livros mais renomados no assunto, *A vida de laboratório*, publicado em 1979 por Bruno Latour e Steve Woolgar. Os autores da obra utilizaram a metodologia da descrição densa etnográfica nos laboratórios, acompanhando e descrevendo a vida dos cientistas:

> (...) é reconhecido enquanto tal quando perde todos seus atributos temporais e integra-se no conjunto

de conhecimentos edificados por outros fatos. Nesse movimento, ele alcança uma qualidade que lhe permite eliminar as referências ao contexto social e histórico a partir do qual foi construído, e assim resistir às tentativas de explicá-lo sociológica e historicamente. Latour e Woolgar descrevem os mecanismos discursivos acionados pelos cientistas na direção desse "apagamento" das circunstâncias relativas à trajetória do fato: trata-se do que eles chamam de estabilização de um enunciado. O momento inicial desse movimento corresponde a uma importante mudança na qualidade do enunciado, que passa a ser uma entidade cindida. Por um lado, apresenta-se como uma sequência de palavras que dizem algo de um objeto, e, por outro, o próprio enunciado se coloca como um objeto que tem vida independente, ao qual se passa então a atribuir cada vez mais realidade e importância. Assim, a estabilização se completa por meio de uma inversão: o objeto torna-se a razão que levou à formulação do enunciado. Nas palavras dos autores: "No começo da estabilização o objeto é a imagem virtual do enunciado; em seguida, o enunciado torna-se a imagem no espelho da realidade 'exterior'" (p. 193). A descrição desse processo é fundamental, na medida em que ela permite compreensão da eficácia da argumentação e enunciação científica em produzir fatos com um tamanho efeito de realidade. Segundo os autores, "não é um milagre que os enunciados pareçam corresponder tão exatamente às entidades externas: eles são uma única e mesma coisa" (KROPF; FERREIRA, 1997, p. 594).

Ainda, os autores de A *vida de laboratório* concluem que um fato científico é fruto de uma grande negociação entre os cientistas, um acordo não vocalizado, porém bem-definido, para conseguir uma estabilização de seus laboratórios e pesquisas. Nas palavras de Kropf e Ferreira, mesmo com críticas posteriores:

> (...) o argumento dos autores é que a construção do fato científico envolve, essencialmente, uma delicada negociação entre os cientistas, que para isso se valem de múltiplas estratégias de argumentação persuasiva. O que define a ciência como prática social de produção de conhecimento é, portanto, a interação entre os atores dada nas circunstâncias locais e contingentes do laboratório (...). Segundo Latour e Woolgar, os cientistas se comportam de maneira similar a um investidor capitalista, ou seja, como alguém que age com o objetivo de maximizar cada vez mais a lucratividade de seus investimentos, aumentando assim a capacidade de reprodução ampliada de seu capital acumulado. Essa concepção está formalizada na noção que os autores propõem de ciclo de credibilidade. A característica essencial desse ciclo é a busca contínua por um ganho de credibilidade que permita o reinvestimento e, consequentemente, um ganho posterior de credibilidade (KROPF; FERREIRA, 1997, p. 594).

A partir da década de 1960, a "ciência normal",[18] fechada em uma hermenêutica, passa a receber outras nuances, nas palavras de Kuhn, "talvez

---

18 Expressão kuhniana que significa "pesquisa firmemente baseada em uma ou mais realizações passadas. Essas realizações são reconhecidas durante algum tempo por alguma comunidade científica específica, como proporcionando os fundamentos para sua prática posterior". *Conf.* KUHN, T. *A estrutura das revoluções científicas.* 10. ed. São Paulo: Perspectiva, 2011, p. 29.

a ciência não se desenvolva pela acumulação de descobertas e invenções individuais" (KUHN, 1962, p. 21), não há uma verdade a ser descoberta, mas sim uma ciência historicamente orientada que recebe influência dos seus iguais e de seu tempo. Assim como a própria cátedra de História, antes da Escola dos *Annales*, que se limitava somente aos contos e feitos de grandes personagens moldando a história da sociedade como um conto de grandes heróis, contada sempre a partir da perspectiva dos vencedores. O método científico advindo do positivismo acabou por romancear a ciência como a máxima das descobertas, das pesquisas puras e das verdades indiscutíveis.

A percepção, introjetada por Kuhn, de uma ciência socialmente orientada questiona a ideia de uma ciência cumulativa, compilada, descritiva e linear, fechada em si e intocável. Uma noção, inclusive, muito romantizada dos próprios cientistas sobre seu fazer ciência. Para o filósofo, as ciências são também o resultado de influências sociais e podem ser usadas como retórica de legitimidade de um processo ou movimento social.

Quando se aceita a ideia de que o olfato foi apagado na ciência por ser um sentido empobrecido em relação ao de outros animais, não se deixa chances de entender esse processo de silenciamento a partir de pressupostos "civilizatórios". O processo civilizador silenciou e modificou a forma como o indivíduo interagia com os cheiros e com a autopercepção, mas sem este olhar social legitima-se que o olfato foi esquecido porque foi considerado, cientificamente, empobrecido, e toda uma investigação sobre domesticação e processo civilizador perde forças, tornando-se ilegítima.

Os cheiros no laboratório e possíveis diálogos com o nariz social

Tal silenciamento é observável no cotidiano. Desde criança se ouve dos pais "pare de cheirar a comida", "não meta o nariz no bolo", "pare de cheirar dessa forma, você não é cachorro". No entanto, é pelo olfato, mesmo sem lembrar de sua existência, que mães reconhecem seus filhos e sabem qual peça de roupa pertence a cada um, é pelo cheiro do leite que o bebê reconhece sua mãe (LEBOVICI, 1999). Já outras pesquisas passam a demonstrar a correspondência entre os odores corporais e os ciclos menstruais, e, apesar de os estudos sobre como os cheiros influenciam as emoções ainda estarem em andamento, alguns apontam para possíveis explicações circunstanciais sobre relatos sociais cotidianos, como o fato de o cheiro ser um componente importante para despertar e até manter ou finalizar a paixão entre os indivíduos.

Um estudo na Universidade da Catânia, Itália (CARUSO; SALVATORE, 2008), por exemplo, chegou à conclusão de que mulheres que fazem uso de pílula anticoncepcional tiveram seus olfatos alterados, ao passo que outras não usuárias de pílula apresentaram consonâncias entre ciclos olfatório e menstrual, provavelmente contribuindo com a libido da mulher e para farejar um bom parceiro a fim de, biologicamente, favorecer uma gravidez. A alteração provocada com o uso da pílula averiguou que tais ciclos olfatórios não acompanham o ciclo natural da menstruação e, consequentemente, a vida sexual, não podendo o olfato influenciar a libido feminina e uma possível gestação.

Outro estudo recente (HOFLERH et al., 2018) mostrou que o cheiro da pessoa amada diminui o nível de cortisol, o hormônio do estresse. O estudo com 96 casais foi realizado pela Universidade da Colúmbia Britânica, no Canadá. Os pesquisadores entregaram camisas suadas dos parceiros para as mulheres, as quais mostraram diminuição no nível do cortisol. Ao trocarem as camisas e cheirarem os suores de homens desconhecidos, os níveis de cortisol aumentaram novamente.

Sente-se que o cheiro de quem se ama faz bem e é comum ouvir habitualmente frases como "saudade do seu cheiro", "o cheiro dele/dela me faz bem" ou "eu não suporto mais o cheiro do meu marido". A última é uma frase social frequente, principalmente após um período em que a mulher descontinuou o uso da pílula anticoncepcional.

Em seu livro, *O cheiro das coisas*, Malnic (2008) cita várias descobertas científicas das últimas décadas do século XX sobre o funcionamento do olfato. Uma delas foi o experimento realizado por Martha McClintock (1971), da Universidade de Chicago, realizada entre mulheres que frequentavam o mesmo dormitório do colégio Wellesley, em Massachusetts. A pesquisadora analisou os ciclos menstruais de 135 moças de 17 a 22 anos de idade que compartilhavam quarto. Ela constatou que as meninas apresentavam sincronicidade no ciclo menstrual após coletar o suor das axilas das participantes de um grupo e o esfregar acima do lábio superior de mulheres de um segundo grupo. O resultado foi que o segundo grupo passou a regular seu ciclo menstrual com o primeiro grupo. Esses resultados indicaram que odorantes presentes no suor humano são detectados por meio do sentido do olfato e podem desencadear respostas fisiológicas em outros indivíduos (MALNIC, 2008, p. 16).[19]

Não há comprovações científicas quando se analisa o olfato/nariz apenas como órgão, mas, ao se analisar no processo do sentir humano, as respostas fisiológicas relacionadas aos cheiros, unidas aos aparatos dos estudos científicos, ganham sentido ao serem contrastadas em frases, jargões e termos costumeiros cotidianos, que passam despercebidos justamente por terem cunho olfativo, mas que fazem a diferença nas escolhas pessoais e sociais de um indivíduo: "É que já não me queres! Já não és o mesmo homem para mim! Dantes não me achavas que pôr, e agora até já te *cheiro mal!*"[20] (AZEVEDO, 2014).

Um estudo da Unicamp vem demonstrando que a construção celular e molecular do epitélio olfatório depende de instruções genéticas e que elas se alterariam conforme a experiência de vida, o que engloba questões socioculturais. A pesquisa aponta que o meio não apenas influenciaria a conceituação e definição de um determinado cheiro, pois isso seria memória olfativa, mas que, de fato, o meio em que o indivíduo

---

19 Grifo meu.
20 Idem.

cresce é capaz de modificar a estrutura fisiológica do epitélio. O meio em que o indivíduo vive contribuiria, então, para modular o número de células que identificam cada cheiro:

> Não se trata do efeito que a experiência do indivíduo exerce sobre como o cérebro interpreta as informações sensoriais, o que poderia ser considerado como memória olfativa, mas na construção de fato do tecido olfativo (...) a construção celular e molecular do tecido olfativo, em um determinado momento, é preparada não só pelos genes do organismo, mas também pela sua história de vida (PAPES, 2017).

Para ele, a construção dos neurônios do tecido olfativo pode estar ligada à história do indivíduo, acarretando o entendimento de todos os sistemas sensoriais:

> A grande contribuição do estudo é perceber como os órgãos dos sentidos não são iguais em todos os indivíduos. Isso é algo com enormes implicações médicas, por exemplo, pois diferentes indivíduos podem responder ao ambiente de diferentes maneiras, inclusive em condições patológicas. Não porque suas fisiologias são adaptadas de formas diferentes, mas porque seus órgãos dos sentidos *per* se são construídos de formas diferentes, dependendo de sua história de vida (PAPES, 2017).

Se fisiologicamente o epitélio é modificado pelo meio externo e a época em que o indivíduo está inserido, então faz-se necessário pensar sobre cultura e em que medida as modificações sociais também devem ser inseridas no processo de modificação/mutação da estrutura fisiológica. À vista disso, depreende-se que a mudança na concepção olfativa teria ocorrido e ocorre não só no nível mental/psicológico, mas também fisiológico, e acarretou e tem acarretado mudanças comportamentais profundas em como o indivíduo em meio a um coletivo interage (ou se distancia) ou compreende as próprias emoções.

Este ponto corresponde exatamente ao objetivo central desta pesquisa, que é a mudança de concepção olfativa por meio de um processo histórico-social, no caso, o processo civilizador chegado diretamente da Europa, principalmente da França, impondo modos e costumes ao olfato que acarretaram mudanças, não só comportamentais, como nas mentalidades de uma sociedade ainda imperial e que passava por variadas conturbações políticas e sociais.

Essas mutações no epitélio olfatório são consideradas anosmias específicas, um processo evolucional, que são alterações para um tipo de determinado odorante, surgidas em determinados grupos de acordo com a localização geográfica ou tipo de alimentação. Anosmias específicas, dentro desta pesquisa, se mostraram um ponto interessante no que concerne à revelação do que ocorreu em uma determinada cultura a ponto de modificar sua concepção olfativa.

Segundo Malnic, acredita-se que as anosmias específicas sejam resultados de alterações genéticas que se deram por "mutações nos receptores olfativos que reconhecem especificamente" um específico odorante (MALNIC, 2008, p. 76). Assim, as pessoas sentiriam um mesmo cheiro de forma diferente ou simplesmente não sentiriam (anosmia específica) por consequência de mutações no gene olfativo. Ou seja, uma percepção pode ser determinada pelo gene, mas entende-se também que o que provoca a mutação no gene é o meio em que o indivíduo está inserido em correlação ao tempo.

Nas mulheres, o fator ambiente, como foi visto, ainda é alterado junto ao ciclo menstrual. Soma-se a isso que o ciclo menstrual também é alterado pelo meio mediante o psicológico. Se uma mulher se aborrece, se estressa ou se choca, isso condiciona mudança em seu ciclo menstrual. Se ela passa a se exercitar demais ou há uma brusca mudança no clima ou em sua alimentação, também afetará o seu ciclo. E se o ciclo menstrual mudou, o ciclo olfatório também mudará.

A partir principalmente da pesquisa de Richard Axel e Linda B. Buck (2004), a questão da anosmia específica como resultado da formatação cultural e da qualidade do meio em que o indivíduo está inserido ganhou força na ciência. Mas, principalmente, os estudos científicos que apontam o olfato e o sexo feminino apresentaram-se interessantes, no decorrer desta pesquisa, pelo fato de o corpo e o comportamento feminino terem se mostrado os que mais sofreram interferência junto à domesticação olfativa, como será analisado no capítulo 3.

Vale lembrar que desde a década de 1960 mulheres passaram a utilizar pílula anticoncepcional. Essa forma de condicionamento do corpo feminino, que não deixa de ser uma vigília dos órgãos (por mais que tenha trazido independência às mulheres), alterou o olfato das usuárias de pílula e, logicamente, a forma como elas sentiam e interagiam, por exemplo, com os instintos primários comandados pelo límbico, como apetite alimentar e sexual. Uma das alterações mais gritantes nas usuárias foi o desenvolvimento da falta de libido, já que o organismo deixa de produzir naturalmente a testosterona quando esta é substituída por um sintético, o progestagênio. Ao diminuir o nível de testosterona pode haver a diminuição da libido e da lubrificação natural da vagina.

Acompanhando os resultados citados nos estudos de Martha McClintock, em relação à alteração dos ciclos menstruais das moças em um mesmo dormitório, quando instigadas umas pelos cheiros das outras, pode-se supor que a mulher tem seus ciclos olfatórios regulados pelos ciclos menstruais, e vice-versa. Como demonstrou Caruso (2008), o uso da pílula altera essa associação, mais uma vez, as concepções olfativas dessa mulher serão alteradas e, provavelmente, também as de seus descentes, o que acarretará, no transcorrer do tempo, mudanças na forma como se habita o próprio corpo e se sente as emoções, o sexo, o apetite alimentar e a libido.

A isso soma-se outra descoberta científica, a de que a mulher apresenta aproximadamente 46% mais células do que os homens no bulbo olfatório (OLIVEIRA-PINTO, et al. 2014), ou seja, por motivos que a ciência ainda desconhece, mulheres realmente são mais sensíveis aos cheiros do que os homens. Isso poderia explicar futuramente os motivos pelos quais elas apresentaram uma intuição mais aguçada, no sentido Bergsoniano (1989). Talvez a resposta da falta de libido em um amplo grupo de mulheres possa estar bem embaixo do nariz. Afinal, são muitos os relatos de mulheres que passam a detestar o cheiro do marido ou parecem escolher melhor seus novos parceiros ao descontinuar a pílula e melhorar sua sensitividade olfativa.

Nesse sentido, questiona-se, diante das descobertas atuais, a quem interessaria produzir pesquisas que criassem anticoncepcionais femininos menos invasivos e que não alterassem negativamente a libido das mulheres? Partindo da realidade de uma medicina normativa que só veio a incluir "a" clitóris, órgão do prazer feminino, há pouco tempo nas enciclopédias médicas,[21] o que esperar dessa mesma medicina e ciências em relação à libido da mulher como temática central e algo relevante a ser pesquisado? Afinal, sexo, olfato e intuição podem ser um processo de subversão ao sistema moderno, como será visto no capítulo 3.

A partir dessa breve incursão sobre a menstruação e libido, entendeu-se em que medida as concepções sobre os cheiros passaram por processos socioculturais — nesse caso, a criação e industrialização em massa da pílula anticoncepcional, que alterou drasticamente o comportamento de um grupo e a forma como ele se percebe e atua no mundo.

Entende-se que seria um anacronismo e, até mesmo, uma ingenuidade pensar que, diante de todo o potencial do olfato sobre os comportamentos mais viscerais e apaixonantes, bem como da sua ligação com a memória e emoções, ele teria sido estrategicamente renegado e silenciado. Ou que seus genes foram mudados para que a população mundial se comportasse de acordo com as normas e as ordens estabelecidas por

---

21   "A" clitóris aparece na Grey's Anatomy em 1901, mas em 1948 ela é retirada.

uma sociedade comandada por instituições controladoras. Isso seria teoria da conspiração e de forma alguma é essa ideia que está sendo proposta aqui. Mesmo porque, quando o Iluminismo começa a surgir e a produzir suas ideias durante o século XVIII e, antes disso, quando a instituição religiosa, ainda na Idade Média, passou a silenciar os corpos e suas pulsões, nada tinha sido decodificado como na ciência atual.

A hipótese com relação a esse aspecto da pesquisa é a de que, diante dos inebriantes cheiros escatológicos, feromonais e suas influências diretas sobre impulsos primitivos, em um primeiro ciclo histórico, eles teriam sido apontados como amorais, perturbadores da ordem sagrada, culpados e pecaminosos pela instituição religiosa. Isso provocou, durante todo o percorrer da Idade Média, mudanças de comportamento do indivíduo europeu em relação aos cheiros de seus corpos e em como interagem com suas visceralidades mais íntimas. Provavelmente, nesse período o indivíduo teve uma grande perda de contato com o próprio corpo e suas emoções, que, a partir de então, passaram a ser vigiados por um Deus onipresente e onisciente que tudo vê (a visão como sentido da vigília de punição) e sabe, mesmo o que não pode ser visto, mas apenas sentido no privado, como as emoções primitivas provocadas pelos cheiros.

No final da Idade Média, o homem da razão entendia que o ato de farejar assemelhava e "rebaixava" o homem ao nível dos animais. Embora o sistema límbico já fosse conhecido, em 1964 houve a decodificação dele como uma parte primitiva do cérebro que apresentava ligação essencial com o olfato, que, além de ser um sentido que perpassava por questões muito subjetivas, não está acessível à razão, que é comandada pela visão.. Supostamente, para um intelectual dos idos de 1700 embebido dos discursos iluministas, apreciar o límbico do cérebro de um humano e de outros animais, não só de mamíferos, como também dos répteis (considerados ainda mais primitivos), e constatar a interação de um sistema cerebral desenvolvido em outros animais, que se mostravam extremamente suscetíveis e primitivamente ligados ao olfato, seria uma forma de confirmar que, para o progresso ocorrer, o homem deveria diminuir tal hábito da olfação, pois esse o aproximava dos animais desprovidos de razão.

Contudo, constar que o olfato ficou desaparecido das pesquisas científicas somente porque ele era um sentido considerado mais pobre em relação ao dos animais e, portanto, de menor valia, foi uma retórica perfeita para afastar o homem de sua intuição, instinto e possíveis rebeldias. Nas palavras de Constance Classen, "estudos acadêmicos do olfato tendem a sofrer das mesmas desvantagens culturais que o próprio olfato" (CLASSEN, 1996, p. 15).

Farejar: um processo intuitivo

Como foi avaliado no decorrer da pesquisa, a proposta interdisciplinar para pensar o olfato é fundamental, pois para alcançá-lo na sua amplitude é necessário traçar uma série cumulativa de trabalhos compilados cientificamente sobre o cheiro, permitindo uma avaliação do objeto em seu potencial sensível. Para tanto, a história das sensibilidades foi a linha historiográfica que estabeleceu a ponte entre um arcabouço teórico maior e a história das ciências aliada às pesquisas científicas.

A história das sensibilidades tem como recortes centrais o subjetivo, o metafísico e o imaterial e busca compreender como um agente da emoção acaba por desencadear comportamentos, ações e fazeres. Nas palavras da historiadora Sandra Pesavento:

> As sensibilidades são uma forma de apreensão e de conhecimento do mundo para além do conhecimento científico, que não brota do racional ou das construções mentais mais elaboradas. Na verdade, poderia se dizer que a esfera das sensibilidades se situa em um espaço anterior à reflexão, na animalidade da experiência humana, brotada do corpo, como uma

resposta ou reação em face da realidade. Como forma de ser e estar no mundo, a sensibilidade se traduz em sensações e emoções, na reação quase imediata dos sentidos afetados por fenômenos físicos ou psíquicos, uma vez em contato com a realidade (PESAVENTO; LANGUE, 2007, p. 10).

A partir desse conceito, o conjunto nariz-olfato e cheirar levou esta pesquisa a objetivos pontuais tal como a importância do olfato agindo sobre as emoções e, justamente por essa ligação, entender que o medo e a ojeriza pelos cheiros não mascarados estariam estabelecidos. Somado a isso, surgiu a preocupação em escutar e resgatar jargões cotidianos ligados ao olfato, que soam como pressentimento ou entendimento subjetivos de algo. Por exemplo, as frases "essa pessoa não me cheira bem", "não sinto um bom cheiro nessa história", ou "meu nariz não está gostando nada disso" são expressões populares e ancestrais que demonstram como o ato de cheirar está ligado a um processo metafísico e subjetivo, mas também carregam consequências ou se relacionam com questões fisiológicas e comportamentais.

A palavra intuição significa "faculdade ou ato de perceber, discernir ou pressentir coisas, independentemente de raciocínio ou de análise". Em filosofia, "forma de conhecimento direta, clara e imediata, capaz de investigar objetos pertencentes ao âmbito intelectual, a uma dimensão metafísica ou à realidade concreta". Um de seus sinônimos é faro, farejar. O nariz parece carregar em si um indicador de algo que é invisível, é como um mapa das emoções (intuição) e do instinto de sobrevivência que se projeta à frente de todo o resto do corpo, um farejador animalesco que mapeia os prazeres e os perigos.

O nariz farejador intuitivo mostrou se acomodar na teoria de intuição do filósofo francês Henri Bergson (1962) a partir do momento em que foi possível apreender nas expressões cotidianas e populares citadas anteriormente um tom de intuição. Para Bergson, a intuição é um método filosófico no qual o objeto pode ser apreendido em absoluto ou absolutamente, já que não se trata de uma análise, mas de um sentir em um espaço de duração. Essa forma de entendimento seria absoluta e não relativa, como no método analítico da ciência pura.

A intuição seria uma experiência subjetiva através da qual o indivíduo conecta-se ao objeto pelo próprio objeto, sem traduções ou movimento de racionalização. É um aprender metafísico, imediato do sentir/experimentar. Assim sendo, não haveria um raciocínio equivalente, o que vai de encontro ao método científico analítico. Nas palavras de Bergson:

> (...) duas maneiras profundamente diferentes de conhecer uma coisa. A primeira implica que rodeemos a coisa; a segunda, que entremos nela. A primeira depende do ponto de vista em que nos colocamos e dos símbolos pelos quais nos exprimimos. A segunda não se prende a nenhum ponto de vista e não se apoia em nenhum símbolo (BERGSON, 1989, p. 133).

A metodologia da intuição não estaria fundada na análise de uma matéria, mas na duração do sentir. Para Bergson, a duração é uma categoria de tempo e de extrema importância para a teoria filosófica, que acaba por se aprofundar na consequência do tempo, a memória. A memória, as lembranças e a intuição são fatos incontestes quando o objeto é o cheiro. Cheiro, como um objeto oculto metafísico que prevalece e aguça a intuição, pode ser visto sob essa ótica como um lapso de duração de tempo que, após passado, vira uma memória. De igual maneira, a intuição, que tem por sinônimo o ato de farejar, representa um ato de duração, o agora mesmo captado, imediato e evasivo, que só pode ser sentido. Para Bergson, sua teoria da intuição é a verdadeira empiria, pois é o processo mais realista de apreensão da realidade, já que não se trata de uma análise paradigmática, mas de um sentir extremo, absoluto e real, visceral.

A intuição, assim como um cheiro no ar, é efêmera, mas tão real e profunda no processo de sentir que passa de um lapso de duração ao inesquecível, se agarra à memória e, a partir daí, pode desencadear comportamentos baseados nessa experiência intuitiva, como um perfume. É como sentir o cheiro de alguém que amamos e, após trinta anos, senti-lo novamente, lembrar visceralmente do que foi aprendido na situação da referida duração.

A intuição como teoria científica é oposta à teoria analítica. Esta última é uma das bases do positivismo, das ciências duras e normais que para Bergson apreende-se o objeto de forma relativa, visto que o cientista já obtém o objeto com todo um aparato de signos e símbolos anteriores, com um olhar já viciado para ver ou encontrar algo, até posteriormente, mascarar e subjugar a descoberta: a matéria. Afinal, para as ciências analíticas a conclusão acontece quando ocorre a apropriação ou dominação da matéria, assim como foi visto com Bruno Latour (1997).

A teoria da intuição é absoluta, pois não há signos/símbolos anteriores. Nela, sente-se a duração e apreende-se algo de forma orgânica. É por esse intermédio que, posteriormente, Deleuze utiliza os conceitos de Bergson, isto é, para colocar em prática o corpo sem órgãos de Artaud. Nesse movimento temos duas teorias que apresentam interação, justamente por não se forçar a analisar o objeto, mas sentir por ele mesmo seus mecanismos. Nessa perspectiva, vale o sentir na duração:

> Se existe um meio de possuir uma realidade absolutamente, em lugar de a conhecer relativamente, de colocar-se nela em vez de adotar pontos de vista sobre ela, de ter a intuição em vez de fazer a análise, enfim, de a apreender fora de toda expressão, tradução ou representação simbólica, a metafísica é este meio. A metafísica é, pois, a ciência que pretende dispensar os símbolos (BERGSON, 1989, p. 135).

Perfumaria ancestral

Se intuição é o ato de farejar e se farejar é depreender o momento e sentir de forma absoluta com a intuição, voltamos ao princípio deste capítulo, onde afirmou-se que o cheiro não foi esquecido por ser empobrecido, pelo contrário, foi esquecido por ser demasiadamente subversivo a uma ordem analítica e relativa, que se compunha entre os séculos XVII e XIX. Diga-se, o olfato era enriquecido demais, profundo e, por sua condição animalesca, subversivo para a modernidade rígida e linear.

No início da pesquisa, a proposta de um primeiro capítulo seria fazer um panorama sobre a história dos cheiros, mas o que existe na bibliografia atual sobre o tema perpassa, em sua maioria, os perfumes. Poucos são os historiadores, como Alain Corbin (1987), ou intelectuais das ciências humanas, como Michel Serres (2001), principalmente dentro da história das ciências, que trataram o cheiro *in natura*, quer dizer, sem estar mascarado por perfumes ou interligado às questões higienistas, sanitaristas ou ao campo da saúde.

Além disso, os cheiros como discussão subjetiva e emocional revelaram-se nas fontes muito mais interessante. O cheiro apenas sendo ele mesmo e trazendo a intuição à ponta do nariz, sem ser bom ou mau, sintetizado e domesticado, está à espreita nas ruas e nos corpos. Mas é comum no mundo acadêmico a confusão entre a categoria cheiro e história dos perfumes ou história da saúde. Dessa forma, conforme a pesquisa avançou, ficou subentendido que narrar uma história dos perfumes seria uma repetição cumulativa de ideias debatidas.

Há uma linha temporal preestabelecida ocidentalmente aceita quando se discute os cheiros. A história é basicamente contada da mesma forma: Cleópatra (30 a.C.) foi uma grande usuária de perfumes no Egito. No entanto, a perfumaria sacerdotal egípcia não se iniciou em Cleópatra, mas sim na I dinastia egípcia, em torno de 3.200 a.C. Após Cleópatra, salta-se para a Grécia, depois Itália e França. Usa-se expressões na perfumaria industrial como notas baixas, médias e altas, que foram apropriadas de fases alquímicas trazidas do Oriente próximo à Europa, a saber, o nigredo, o albedo e o rubedo. Por fim, citam-se nomes de metodologias próprias da perfumaria moderna como a "alfabetização olfativa", que explana um processo de domesticação, visto que a própria cultura ocidental e eurocêntrica da perfumaria é em si um produto do processo civilizador.

Neste livro, considera-se que o ato de perfumar ocorreu a partir do momento que um ancestral, há 400 mil anos, dominava o fogo e passava a queimar ervas. Inclusive, o nome perfume, do francês *parfum*. significa através da fumaça, e sabe-se que o homem de Neandertal já utilizava os cheiros das plantas para os seus rituais funerários. O perfume como sagrado, que era utilizado em ritos funerários ou de adoração, foi a primeira forma de uma arte rústica e primitiva dos cheiros (SILVA, 1998). Um artefato inventado pelos homens primordiais, um perfume que, no futuro, logicamente não se enquadraria nos padrões eurocêntricos do que veio a ser determinado como perfume.

Certamente, através das propostas filosóficas aqui elencadas, considera-se, para esta tese, perfume quaisquer processos de criação de cheiros, seja como produção artesanal ou qualquer formato destinado a utilizações diversas, seja para ritos funerários, religiosos, de saúde, sagrados ou profanos. Considera-se também que os cheiros produzidos pelo próprio corpo, através de suas pulsões emocionais e concebidos como sentir, são perfumes.

2. "Essa história não me cheira bem"

> O olfato foi marginalizado porque é percebido como ameaça ao regime abstrato e impessoal da Modernidade, em virtude de sua radical interioridade, de sua propensão para a transgressão de fronteiras e de sua potência emocional (Constance Classen, 1996, p. 15).

Uma operação de sublimação

Este capítulo não pretende desenhar uma história linear do rebaixamento do sentido olfativo, pois Alain Corbin (1987) já traçou essa linha em seu livro *Saberes e odores*. O autor é referência na historiografia sobre o assunto olfato, mas seus estudos também seguiram a linha higiene e saúde mostrando como o sentido olfativo foi afetado na Europa pela cultura higienista. Mas, ainda antes, pela teoria dos miasmas, já no século XVII, momento em que a Europa vivia a filosofia mecanicista, tendo como seus maiores expoentes nomes como Copérnico, Kepler e Galileu, que, parafraseando Koyré,[22] teria deslocado o mundo da aproximação para o universo da precisão.

O objetivo neste capítulo não foi, dessa forma, um *separatio*,[23] isto é, uma linha do tempo dividida em momentos históricos que, no entender desta pesquisa, separam o cheiro das sensações. O único *separatio* possível aqui foi observar onde essa história rígida não cheira bem, a saber, na separação dos indivíduos de suas pulsões, destas com os corpos e, fatalmente, na perda de independência, encaminhando mulheres e homens para uma sociedade de vigília e punição. Partindo do viés das sensibilidades, os questionamentos surgiram e o processo do farejamento do que não cheira bem, nesse caso, não está se referindo a um cheiro, mas aos processos que levaram ao confinamento e à domesticação do cheiro.

A cátedra da história não pôde, por muito tempo, se embrenhar nos cheiros de forma intuitiva. Logo nas primeiras possibilidades a historiografia associou o cheiro às doenças e ao processo higienista e, portanto, sua insustentabilidade material não estava presente nesses estudos. No farejar desta pesquisa foi entendido que para se

---

22 KOYRE, A. *Du monde clos à l'univer sin fini*. Paris: Gallimard, 1973.
23 Uma das operações da alquimia também utilizada em perfumaria antiga, anterior à industrialização. A perfumóloga Mandy Aftel mostra em seus estudos como a alquimia deu base para os processos artesanais de perfumaria. *Conf.* AFTEL, Mandy. *Essências e alquimia*. Rio de Janeiro: Rocco, 2006.

alcançar os cheiros em sua forma *sublimatio*,[24] o material a ser sublimado precisa ser transformado em vapor pela volatização e, dessa forma, sendo uma sublimação imaterializável e invisível, através de uma fumaça (*parfum*), pode ser sentido em absoluto, e não exatamente explicado de forma mecânica.

Desse modo, fez-se necessária a elaboração de uma história sensível e intuitiva, a fim de que o objeto não escapasse ao ar. Como será visto adiante neste capítulo, o historiador Marc Bloch (1929) esteve, justamente, nos recônditos em que nenhum historiador almejava entrar e que, quando viesse a colocar o nariz, precisaria utilizar outro tipo de historiografia que não havia ainda se formado. Bloch observou que o historiador precisaria usar o faro e se deixar ir aos locais mais escondidos aos olhos da história oficial, quando desejasse analisar a história de forma sensível.

Neste trabalho, um dos objetivos tornou-se transportar o cheiro ao lugar de protagonista. O nariz subverteu a ordem, passou a ser ativo e ditou as regras de como a história foi aqui analisada. No entanto, é preciso salientar que, apesar do positivismo, e do higienismo aparecerem simultaneamente aos estudos do olfato, não foi originalmente por eles que os cheiros passaram a ser silenciados. Entretanto, a ínfima parcela de estudo historiográfico sensível sobre o sentido olfativo está ligada a estes dois momentos, justamente, como um produto de pesquisas engessadas, que não conseguem pensar além de modelos lineares e pragmáticos. O cheiro como história do perfume é apresentado como uma história da perfumaria já domesticada e industrial, ainda que não estivesse estreitamente associado ao higienismo/positivismo, evidencia-se a incidência de valores morais e do encobrimento dos cheiros.

O cheiro não passou a ser calado somente no Iluminismo. No positivismo, com a presença de valores higienistas (entre os séculos

---

24 *Sublimatio* refere-se a uma operação da alquimia de sublimar, do latim *sublimis*, que significa elevado e, posteriormente, transcendente, supremo ou superior.

XVIII e XIX), sua domesticação se deu em um contínuo processo de vigília e castração. Desde a Idade Média, com instituição religiosa e seu discurso sobre pecado, o cheiro foi envolvido até o nariz nessa história. Estava escondido nas pulsões carnais e de êxtases considerados profanos. No entanto, a pergunta fundamental é por que as vigílias começaram e de que modo?

O início das vigílias

> O homem é um animal que não cheira (que não quer cheirar), nisso ele distingue-se das outras espécies (LE BRETON, 2011, p. 189).

"Esta história não cheira bem" é um jargão popular sugerido subjetivamente pelo olfato, referindo-se a uma circunstância, um evento, uma história ou um conto apresentado de algo aparentemente negativo. Não há um motivo analítico para tal intuição, mas foi sentido em absoluto e, portanto, mesmo que passível de ausência de explicações, que algo parece não ser confiável.

O indivíduo sente que os corpos doentes, as putrefações e os cadáveres não cheiram bem. Todavia, há algo no olfato que vai além do perfeito encaixe de moléculas químicas. Ele tem algo a mais e pode-se dizer que é o farejar. Farejar, ato animal e seus sinônimos comuns, adivinhar, pressentir, prever. Como foi visto no primeiro capítulo, dois lugares são muito potentes na olfação: o intuir e as paixões. O primeiro, como um processo de saber interpretado por Bergson (1999) como absoluto. O segundo, como processo de sentir e, a partir deste pulsar, viver o próprio corpo e, portanto, a autonomia do mesmo. Intuir e sentir são processos experimentais que acessam no indivíduo a independência. Ao unir as teorias de Artaud, Deleuze e Bergson, a palavra em comum que se encontra é autonomia e a consequência dela é um indivíduo que, por se conhecer, não aceita vigílias e punições mentais impostas.

Pode-se supor que a história que não cheira bem para os sentidos e as pulsões começou na Revolução Neolítica (12000 a.C.), com a sociedade pré-patriarcal sendo sobrepujada por um sistema que passava a impor normas de convivência por hierarquia, não só entre os indivíduos (EISLER, 2008, orig.1987) como também sobre a natureza, no que tange à domesticação dos animais e das plantas. Para Humberto Maturana (1990), esse novo formato era bélico e iniciou o controle do outro, gerando uma estrutura que contribuiu para o enlace da vigília perpetuada até os dias atuais:

> A cultura patriarcal ocidental a qual pertencemos se caracteriza, enquanto rede particular de conversações, pelas coordenações peculiares de ações e emoções que constituem nossa convivência cotidiana de valorização da guerra e da luta, de aceitação de hierarquias, da autoridade e do poder (...) e de justificação racional do controle do outro através da apropriação da verdade (MATURANA, 2008, *apud* EISLER, 2008, p. 14).

O controle sobre a mente (apropriação da verdade) e sobre o corpo se iniciou, dessa forma, provavelmente na Revolução Agrária (outra nomeação para Revolução Neolítica). Partindo dessa premissa, dois pontos interessantes precisam ser salientados. O primeiro é que quando o homem passa a não se entender mais como parte da natureza, através da qual ele tem seus ciclos harmonizados, ele inclina-se a dominá-la. O segundo ponto é que a vigília não ocorreu apenas do homem sobre o homem, mas também se sobrepujou a outros viventes da natureza. Esse fato corroborou para uma mudança no sentido de integração, respeito e harmonia entre os ciclos e as formas de sentir e interagir no mundo em relação a si e aos outros seres viventes.

A domesticação dos viventes não humanos

As duas principais vítimas da dominação da Revolução Neolítica, além dos humanos, foram a fauna e flora, frisando aqui ainda que a dominação veio por meio de um processo que está sendo apontado desde a introdução desta tese: a domesticação. Primeiro o homem domestica a natureza e, concomitantemente, passou a dominar os seus pares. Em seguida, passou a dominar os animais, principalmente por também terem os cinco sentidos e, portanto, lembravam ao homem sua condição animal, resultando por servir de parâmetro sobre o que deveria ser diferenciado entre os sentidos e os humanos.

A mudança de hábitos para que os modos assemelhados aos outros animais fossem silenciados ocorreu por um encadeamento sincrônico entre individual e coletivo, bem como por observação de grupo e ideia de aceitação e pertencimento. Esse processo foi transpassado por grupos hierárquicos que, posteriormente, se tornaram instituições de vigilância. O principal sentido afetado por essa distinção homem *versus* animal foi o olfato, e mais ainda o farejar intuitivo e instintivo dos homens. Nesse sentido, é preciso trazer à baila a constatação de que o homem teria se afastado do olfato quando a espécie humana passou a andar ereta. Essa ideia procede de cientistas e psicólogos do século XIX e início do século XX e foi uma das características de distinção entre o homem primitivo e o homem civilizado.

Como pontua Classen (1996), Darwin ligou a perda da capacidade olfativa humana à sua evolução animal, e, para Freud, a condição do andar vertical fez o nariz se afastar do farejamento de trilhas e pulsões, aumentando o campo visual. Para Le Breton, o olfato seria mau porque estaria ligado às pulsões da carne. "O odor é a má parte da outra má parte do homem que é a carne" (LE BRETON, 1990, p. 189). Portanto, a carne, como corpo, é má, cujos cheiros recordam ao indivíduo sua condição animal (fauna) e, portanto, o recuo do odor se fez necessário ao desenvolvimento da dita civilização. A fauna foi domesticada pelo humano, enquanto este silenciava em si mesmo o seu sentido mais primário.

O outro grupo de viventes não humanos, a flora, apesar de não ter os cinco sentidos apresentados pelo domínio animal, interage por muitas vezes com o objeto deste estudo, no que tange a medicina popular[25] e os cheiros como perfumes. Os primeiros perfumes, na África e no mundo árabe, entranhosos e unguentosos, eram produzidos com plantas. Ainda podendo exalar naturalmente, sem estabilizantes e corantes químicos provenientes de uma industrialização da perfumaria, podiam se movimentar dentro dos frascos e alabastros, tinham seus aromas envoltos em perfumes oleosos ou em grandes incensários, inebriando os espaços e as mentes através da fumaça ou poções unguentosas.

No entanto, a configuração de vigília também alcançou o mundo vegetal e os domesticou na Revolução Agrária. O apontamento fundamental aqui é como os viventes, não só humanos, foram incorporados ao processo de vigília com o avanço de um sistema que passava a se basear no controle e na castração do outro, seja da mesma espécie ou de reinos diferentes.

O anseio pelo controle fez com que o humano passasse não só a se distanciar dos próprios ciclos e a mudar seus comportamentos, como também, paulatinamente, a abusar e a violar os não humanos para lhes tirar o máximo de vantagens, enquanto se distanciava dos mesmos, fortalecendo o ideal de superioridade humana. Com o solapamento da integração com os ciclos naturais, os homens ficavam cada vez mais longe de sua sinuosidade, instinto, faro e intuição. Do século XVII ao XIX, essa foi a base para o homem da razão moldar a ciência rígida, positivista, sem fluidez, pragmática, dura e analítica e, mais adiante, a indústria mecânica de padronagem, sem nuanças, estática, plástica e insustentável em sua inflexibilidade.

---

[25] Para a bióloga Fátima Branquinho (2007), a medicina popular refere-se a um paradigma específico e "uma visão de corpo – anatomia e fisiologia – e da natureza que lhes é própria e que não é possível de ser abordada conceitualmente pela biologia". Conf. BRANQUINHO, Fátima. *O poder das ervas na sabedoria popular e no saber científico*. Rio de Janeiro: Mauad X, 2007, p.10.

A inferiorização, a violação e a domesticação dos não humanos contribuíram para o aprisionamento do indivíduo em uma ideologia e prática de rigidez na qual não é possível vivenciar os ciclos que, instintivamente, nunca deixaram de existir, mas são renegados e, dessa forma, acabam por gerar conflitos internos. Foi perdida a conexão e o entendimento do próprio corpo e suas pulsões, dando forma a uma sociedade mais rígida em seus tratos com os indivíduos intolerantes por não reconhecerem-se a si mesmos e, por consequência, o outro e a natureza que o integra tais como as plantas e os outros animais.

Uma história controlada

Antes de pensar sobre o processo civilizador como teoria bem embasada e já aceita na historiografia, é interessante entender como esse movimento foi tão forte e bem estruturado que até mesmo a cátedra da história, assim como tantas outras, sofreu o seu efeito. É importante fazer essa crítica, justamente para entender que o processo civilizador de vigília se infiltrou nos mais variados locais e estruturou as formas de uso, de fazer e de pensar da humanidade. O processo civilizador e de vigília não foi formado de fora para dentro, recebendo ordens, mas imperceptivelmente de dentro para fora, a ponto que todos participassem.

As atividades humanas somente foram incluídas nos estudos históricos em 1929, com a fundação da Escola dos Annales pelos historiadores Marc Bloch (1886-1944) e Lucien Febvre (1978-1956). Anteriormente, a historiografia apresentava uma estrutura positivista que pesquisava grandes feitos de "grandes homens", apresentando uma história de crônica de acontecimentos. Ainda: sem uma metodologia adequada ao tempo dos processos históricos, a historiografia positivista descrevia fatos de curta duração, sem analisar as estruturas diacrônicas, o que os Annales cunharam como "longa duração". O historiador Jacques Le Goff (1942-

2014), pertencente à terceira geração de Annales (1968-1989), narra como a história foi libertada dos condicionamentos positivistas:

> Será preciso aguardar (...) os trabalhos da "escola dos Annales", para que a **intuição** histórica se beneficie de uma verdadeira atenção e se transforme realmente em um programa de pesquisa. (...) Marc Bloch não deseja separar o homem de suas vísceras. O cofundador da revista Annales (1929) chega a escrever que "o bom historiador se assemelha ao ogro da lenda. Lá onde ele **fareja** a carne humana, sabe que está a sua caça". Pois, "por trás dos traços sensíveis da paisagem [os instrumentos ou máquinas], por trás dos escritos mais desinteressados e das instituições aparentemente mais completamente desligadas daquelas que as estabeleceram, estão os homens que a história quer apreender". (...) Marc Bloch se recusa a mutilar o homem de sua **sensibilidade**[26] e de seu corpo (LE GOFF, 2003, p. 22).

A partir dos Annales, a história das mentalidades, a história cultural e outras linhas circunscritas, como a que conduz esta pesquisa, quer dizer, a história das sensibilidades, foi possível analisar a história como modificadora da mentalidade, da ação, da conduta e do comportamento humano no coletivo. Também foi possível sair dos grandes palácios perfumados e locais habitados por heróis da história até alcançar os recantos, os cortiços, a escatologia corporal e os cheiros subversivos à ordem. Afinal, são nesses soturnos lugares, no límbico e nas mentes dos indivíduos anônimos, que a história costura, silenciosamente, por séculos, grandes movimentos.

---

26 Grifo meu.

Os processos históricos, enquanto formadores de uma estrutura de base para diversos delineadores de controle, primeiro ocorreram no nível dos "sentimentos humanos" e "sem planejamento" (ELIAS, 1993). Como já foi dito, o processo civilizador não é uma teoria da conspiração e nem um ideal institucional de vigília predefinido, pelo contrário, os processos ocorridos no indivíduo e entre indivíduos desenham e formam bases para que grupos e, posteriormente, instituições estabeleçam normas e condutas para a vigília e, portanto, de inferiorização e segmentações sociais. Nas palavras do próprio sociólogo Norbert Elias:

> (...) o processo civilizador constitui uma mudança na conduta e sentimentos humanos rumo a uma direção muito específica. Mas, evidentemente, pessoas isoladas no passado não planejaram esta mudança, essa "civilização", pretendendo efetivá-la gradualmente através de medidas conscientes, "racionais" e deliberadas. (...) aconteceu de maneira geral, sem planejamento algum, mas nem por isso sem um tipo específico de ordem. (...) o controle efetuado através de terceiras pessoas é convertido, de vários aspectos, em autocontrole, que as atividades humanas mais animalescas são progressivamente excluídas do palco da vida comunal e investidas de sentimentos de vergonha, que a regulação de toda a vida instintiva e afetiva por um firme autocontrole se torna cada vez mais estável, uniforme e generalizada (ELIAS, 1993, p. 194-195).

Dessa forma, o processo de autocontrole funciona de forma regulatória não só para o indivíduo, como para o outro. Tende-se, cotidianamente, a fortalecer hábitos por regras de convivência e aceitação em grupo: "À medida que mais pessoas sintonizavam sua conduta com a de outras, a teia de ações teria que se organizar de forma sempre mais rigorosa e precisa, a fim de que cada ação individual desempenhasse uma função social" (ELIAS, 1994, p. 196). Elias, em seus dois volumes de escritos sobre o processo civilizador, contribuiu para que a história da sociedade ocidental, e desta em relação a outras, recebesse um contorno humano em sua essência, menos rígido por dar atenção aos modos e costumes que pouco a pouco ganharam corpo e moldaram o ser humano.

Enquanto a história estava preocupada, principalmente antes da Escola dos Annales, enquanto conto e manutenção dos processos, por ser escrita "de cima", Elias sugeriu um olhar atento ao homem ocidental antes da vigília e sua instalação, mostrando possibilidades para que estudos preocupados com a sensibilidade pudessem florescer e revelar uma escrita da história mais elucidativa no tocante às humanidades, escapando de uma retórica histórica cientificista, inflexível e de "uma só verdade".

Em meio às narrações de grandes histórias, há o cotidiano sendo moldado, e são estas pequenas e repetitivas formas de fazer ou se comportar que mudam os processos sociais e os segmentos da história. Desde a Revolução Neolítica, o processo de vigília pode ser visto como o mais profundo movimento humano de formatação da condição humana. Sem grandes alardes, assimilada e introjetada como algo natural, a submissão dos costumes civilizadores serviu de base para instituições religiosas e econômicas ditarem as punições dos controlados e submetidos.

> A incorporação das restrições e normas sociais evolui: vergonha, constrangimento e pudor têm uma história. E o "processo civilizador" do Ocidente, que visa a fazer recuar, interiorizar e tornar privados os gestos que os homens assimilaram de sua condição animal, passa por um corpo igualmente ator e receptor do processo. A invenção da escarradeira, do lenço ou do garfo, por exemplo, testemunha uma codificação

social das "técnicas" corporais. Pouco a pouco, estas se controlam, se dissimulam, se civilizam: "profundamente incorporados e sentidos como naturais, esses sentimentos levam à formalização de regras de conduta, que reconstroem um consenso em torno dos gestos que convém ou não convém fazer — gestos que contribuem, em contrapartida, para moldar a sensibilidade (LE GOFF, 2011, p. 22).

A ideologia anticorpo e antiprazer

Para Le Goff (2011), foi na Idade Média que muitas mentalidades, comportamentos e sensações foram concebidas junto ao cristianismo "atormentado pela questão do corpo", que se torna um paradoxo, pois de um lado era tido como um corpo amaldiçoado e vergonhoso pelo discurso gregoriano, e, por outro, santificado pelo sangue e corpo de Cristo. No entanto, apesar da profanação do corpo na época, foi somente a partir da razão clássica da filosofia mecanicista do século XVII que aconteceu a separação da alma e do corpo de maneira radical (LE GOFF, 2011, p. 29).

Dessa forma, na Idade Média, a alma ou o interior (*intus*), considerada como intuição, fazia parte do sentir. Alma e corpo eram duas partes inseparáveis que se comunicavam a tal ponto que a dimensão intuitiva da carne era necessária para estabelecer a noção espiritual:[27] "Vetor dos vícios e do pecado original, o corpo também é o vetor da salvação: 'Do Verbo fez-se a carne', diz a Bíblia." (LE GOFF, 2011, p. 36). A alma era a salvação, mas o corpo era a profanação e deveria ser subjugado com jejuns e flagelações. O corpo deveria sofrer, ele não deveria não sentir, a proposta não era o silenciamento das sensações, mas a

---

27 Vide o caso dos êxtases de Santa Teresa D'Ávila (1515-1582).

anulação das boas sensações. O indivíduo sentia e o sentir não era recusado pelo homem da Idade Média, mas sim o sentir que levaria a uma profanação do corpo pelas boas sensações do prazer.

Somava-se a isso a antiga retórica religiosa segundo a qual as emoções humanas viscerais e primárias, tais como sexo, libido, ira e fome, eram considerados sentimentos bestiais e, portanto, pecados que deveriam ser evitados. Posteriormente, as alfabetizações do olfato junto à industrialização foram instantâneas. O olfato já havia sido colocado no limbo desde a Idade Média, as estruturas para tal já haviam sido formadas pela retórica da instituição religiosa do profano e do pecado, que implantaram a culpa e o medo no indivíduo, pois as emoções e pulsões provocadas por ele já haviam sido estigmatizadas. No século XVIII, os cheiros já estavam imersos em culpa e o movimento iluminista acabou por coroar a visão como sentido prioritário de concessão de credibilidade aos métodos e análises.

A desvalorização do cheiro no Ocidente contemporâneo está diretamente vinculada à reavaliação dos sentidos que teve lugar durante os séculos XVIII e XIX. Os filósofos e cientistas desse período decidiram que, enquanto a visão era o sentido preeminente da razão e da civilização, o olfato era o sentido da loucura e da selvageria. No decorrer da evolução humana — foi argumentado por Darwin, Freud e outros —, o sentido do olfato tinha sido deixado para trás e o da visão ganhara a prioridade. Portanto, os seres humanos modernos que enfatizaram a importância do olfato foram julgados criaturas ainda meio selvagens, insuficientemente evoluídas, ou produtos degenerados do proletariado, ou então aberrações: pervertidos, lunáticos ou idiotas (CLASSEN, 1996, p. 14).

O processo civilizador e a ideia de modernização, que traz em si a divisão de classes entre estabelecidos socialmente ou não, por meio de marcadores de comportamento e conduta, estava implícita no sentido olfativo. Sua característica animalesca foi utilizada para estabelecer seu lugar entre os trabalhadores e os menos abastados, enquanto seu mascaramento, por intermédio de uma alfabetização olfativa junto aos modos do corpo, tornava-se um definidor de civilidade.

Tanto o iluminismo quanto o positivismo validaram as pulsões e emoções, o ato de farejar e de intuir como instáveis e animalescos. Entretanto, no mundo privado, o homem da razão continuava a sentir os cheiros proibidos em sua solidão, no suor do outro, na espreita de outro, no sexo e no prazer banido e reprimido. O olfato tentava seguir o rastro para onde seu nariz, o maior mapeador de suas emoções, apontava. Ele estava nos recônditos sugeridos por Marc Bloch em 1929, ou seja, naquela parte da historiografia que se rebela e se faz com o faro e com as vísceras.

Até o momento este capítulo teceu um panorama sobre a invasão do Iluminismo e do positivismo, já que esses são os grandes momentos cuja parca historiografia existente considera a perda da força do olfato. No entanto, foi apresentado como na Idade Média a profanação do prazer e do corpo, via sensações e sentidos, foi castrada pela ideologia anticorpo, analisada por Le Goff na década de 1980. Ainda pontuou-se rastros do início da vigília durante a Revolução Neolítica. Ficou também entendido que os cheiros passaram a ser silenciados ou, pelo menos o processo de vigília do homem pelo homem e sobre os outros viventes, a partir do momento que o indivíduo se separou dos ciclos da natureza e instituiu formas de dominação.

"Cuida do seu nariz!"

Durante os últimos três séculos, sobretudo após a industrialização, os cheiros foram mascarados, mas o nariz nunca foi totalmente domesticado.

Ele pode até seguir a cartilha dos cheiros aceitáveis ou viver em meio a modelos de alfabetização olfativa, mas continuou solto nos recônditos do furor e dos becos, fora de qualquer cognição e em meio a perfumes sintetizados. Independentemente de uma variedade de cheiros a mascarar o entorno, o nariz é capaz de perceber e apontar para seu dono quando considera que algo não cheira bem ou se o alguém perfumado não cheira a confiança.

Não adianta tentar enganá-lo, pois ele sabe, reconhece e parece adentrar o desconhecido do outro sorrateiramente. Ele cheira, observa, intui e envia sem filtros e sem tálamo ao cérebro, para o nervo do límbico, sentimentos tão profundos e incognoscíveis que só o animal em seu instinto poderia sentir. Inexoravelmente, o homem sente através do nariz, porque também é perpassado por um devir-animal e estará sempre tentando escapar da masmorra civil. O nariz está sempre farejando, mas essa condição humana causa medo em uma sociedade que precisa controlar tudo para manter seus condicionamentos.

Mas e se o nariz ganhasse vida e saísse andando por aí? E se ele resolvesse abandonar o corpo e viver sozinho sem seu dono? O nariz tem dono ou ele é dono da intuição do resto do corpo? E se o nariz resolvesse não ser mais órgão, tornando-se um corpo em totalidade de intuição? O literata russo Nikolai Gogol materializou um conto (1836) sobre um nariz que se rebelou e abandonou, durante a noite, o corpo que habitava. A personagem, o major Kovaliov, diz em completo desespero:

> Kovaliov precisou percorrer o caminho a pé, envolvido em seu casaco, o rosto escondido num lenço, como se seu nariz estivesse sangrando. "Eh, pensou, não há dúvida de que fui vítima de uma alucinação. Meu nariz não pode se perder sem mais nem menos, com os diabos!" (...) Súbito parou, pregado no chão. Um acontecimento incompreensível se passava diante de seus olhos. Um nadau acabara de parar diante da porta de uma casa. A portinhola abriu e um personagem trajando uniforme

desceu todo curvado do veículo e subiu a escadaria de quatro em quatro degraus. Quais não foram a surpresa e o terror de Kovaliov ao reconhecer neste personagem ...seu próprio nariz! Diante deste espetáculo extraordinário, ele pensou que uma revolução se produziu em seu aparelho visual. Sentiu as pernas amolecerem, mas decidiu, custasse o que custasse, esperar a saída do personagem. Ficou portanto parado naquele lugar, tremendo como se sofresse um acesso de febre. Dois minutos após, o Nariz reapareceu. (...) O pobre Kovaliov, inteiramente estupefato, não sabia o que pensar deste estranho incidente. (...) Kovaliov se sentia bastante deprimido, pois não sabia que decisão tomar. Seus olhos procuravam o sujeito por todos os cantos e por fim o descobriram em frente a uma loja. (...) "Como abordá-lo?", pensou Kovaliov. (...) Tossindo, deu um giro em torno do personagem. Mas o Nariz não se deu conta. "Senhor", disse enfim Kovaliov, armando-se de coragem, "senhor...".

— O que deseja?, perguntou o Nariz, virando-se.
— Estou surpreso, senhor. O senhor deveria, pelo que me parece, saber melhor qual é o seu lugar... Mas já que o reencontro... Admita que...
— Mil perdões, não consigo entender o que o senhor está querendo dizer. Explique-se...
"Como lhe explicar?", pensou Kovaliov que, afoito, retomou:
— Evidentemente, eu... Mas, enfim, senhor, eu sou major. E eu não saberia, convenhamos, andar por aí sem meu nariz (...)
— Não compreendo nem uma vírgula — repetiu o Nariz.
— Explique-se mais claramente.

> — Senhor — replicou Kovaliov num tom muito digno —, eu não sei que sentido dar às suas palavras... O caso é no entanto bastante claro... Enfim, senhor... o senhor não é meu próprio nariz?
>
> O Nariz considerou o major um ligeiro franzir de sobrancelhas.
>
> — O senhor se engana, eu pertenço apenas a mim mesmo (GOGOL, 2013, orig. 1836, p. 20-22).

O conto "O Nariz" foi publicado em partes em 1836 no jornal *O Contemporâneo*.[28] Gogol recebeu inúmeras críticas por sua história ser considerada absurda e um atentado à racionalidade. Algumas das cartas críticas de leitores podem ser lidas na edição em português do seu livro de contos.[29] O escritor precisou vir a público para se desculpar pela narrativa na qual um major, depois de perder seu nariz, entendeu a importância do órgão. No mesmo ano, Gogol se retrata e publica um pedido de desculpas no jornal:

> (...) não pode acontecer de modo algum que um nariz, por sua própria vontade, vá circular uniformizado, ainda mais com o grau de conselheiro do Estado! (...) Eu confesso aos senhores, não consigo compreender essas coisas! Mesmo para mim isso ultrapassa a compreensão, eu absolutamente não compreendo (GOGOL, 1836, 2013, p. 48).

No conto, o Nariz parece usar uniforme e chapéu, e tem uma patente no Estado. Além disso, ele não obedece às tentativas de Kovaliov de voltar a habitar o corpo. Este foi o único texto encontrado até o presente momento da pesquisa onde um nariz ganha vida própria. No

---

28 Revista *Souremánnik* (*O Contemporâneo*), fundada e dirigida pelo insigne poeta russo Aleksandr Puchkin.
29 Gogol, Nikolai V. *O Nariz/e/Diário de um louco*; tradução Roberto Gomes. Porto Alegre: L&PM, 2013.

entanto, ele aparece em outros contos como protagonista ainda que no corpo, como veremos no conto da "Baba Yaga", também russo, no capítulo 3. Ele ainda esteve presente na obra do artista sul-africano William Kentridg e na versão da ópera *O Nariz*, de Dmitri Shostakovich para o New York's Metropolitan Opera, exibida em março de 2010.

Como coadjuvante ou nas entrelinhas, o nariz sempre aparece, mesmo que despercebido, ele está descrevendo os cheiros de uma cena ou as sensações intuitivas de uma personagem por meio de jargões que, inclusive, nomeiam os capítulos desta pesquisa. Não à toa esta pesquisa trouxe contos não europeus sobre o nariz. Isso evidencia que as questões com o nariz e olfato vão além do processo higienista e civilizacional da Europa e suas colônias.

O nariz, único orifício corporal em que cérebro e mundo podem se encontrar diretamente, quase como um portal entre a alma (*intus*) e o mundo externo, poderia ser tido como o que há de mais poético entre o intelecto humano e suas emoções. Se o humano, ao entender seu potencial intelectual, o tivesse utilizado não para dominar uma parte sua, a natureza, mas para ampliar o seu ser holístico, o nariz seria uma potência orgástica e todos os outros viventes seriam respeitados em suas individualidades e coletividades.

Em que pese evidente a renegação do homem à sua condição natural/animalesca, ele nunca deixou de ser animal. As palavras que brotam de todo esse enorme processo histórico em relação a não animalização do humano são: separação, dominação, disciplina, vigília, depredação, flagelação, castração e miséria. Elas farejam e se alimentam nos pratos da culpa, do pecado e, sobretudo, do medo. Ao passo que, se o humano tivesse seguido o caminho de sua própria natureza e utilizado seu intelecto de forma orgânica, as palavras que geririam a sociedade seriam: integração, movimento, gozo, orgasmo, prazer, transbordamento e prosperidade.

Entende-se que, quando o humano se apropriou de seu intelecto e o levou para um formato de organização social, ele passou a meter o nariz no comportamento do outro, nas sensações e nos prazeres alheios. Ao domesticar as plantas e os outros animais isso lhe trazia vantagens, passando, concomitantemente, a aplicar o mesmo sobre a sua própria espécie. Desse modo, meteu-se o nariz no outro, nas privacidades do outro, e esse outro, não aceitando tais limitações, teve a necessidade de criar ordens, vigílias e punições. As vigílias não foram aceitas racionalmente, pois elas não faziam sentido algum, então, foram criadas histórias, sentimentos e sensações que validavam a vigília e a domesticação.

Esses mecanismos não foram erigidos por meio de um conceito racional, mas, perigosamente, no âmbito da intuição e das sensações. Para tanto, as instituições criaram o pecado, a culpa, o medo, um Deus que se deve temer, assim como cheiros que se deveriam ser mantidos a distância. Cheiros, estes, maus e profanos que levam o homem ao inferno. A partir daí, foi estabelecido um controle mental por meio do medo e da culpa, e o humano se perdeu de sua natureza liberta, orgânica, integrativa e orgástica.

O que não cheira bem é sua vigília sobre as minhas paixões

O rastro dos perfumes na história mostra como a falta de importância dada ao olfato pode ser diretamente proporcional ao *frenesi* que os cheiros nos causam, pois eles revolvem, justamente, nossas emoções, nos hipersensibilizando ao ponto de conseguirem des-enfrascar do indivíduo as perigosas paixões volatizadas pelos aromas através do tempo (memória) e do espaço (público e privado). Emoção essa que pode deflagrar rebeldias, contestações, "imoralidades", vontade de liberdade e mais uma gama de sentimentos que, exalados, colocam todo o frágil e racional sistema civilizador em risco. O veredicto sobre os percalços do olfato é que o homem moderno ocidental e civilizado não saberia lidar com o próprio nariz, pois os cheiros poderiam narrar lembranças belas, mas também denunciar e desnudar as fraquezas, expondo os calcanhares. Quem diria que o nariz estaria tão perto dos calcanhares?

Assim, pode-se dizer que o silenciamento dos cheiros aconteceu devido às suas características apaixonantes e apaixonadas, para além da questão da saúde e do tempo, no que tange à memória e às emoções provocadas. Observando as imbricações entre espaço público e privado e individualidade e coletivo, os cheiros constroem uma composição espaço-tempo que desconstrói qualquer definição de medida derivada apenas do campo visual. A saúde está para além do que os microscópios podem ver, assim como os cheiros estão para além das doenças, pois existe emoção envolvida nos dois mundos.

Diante de tantas emoções e sensibilidades, estabeleceu-se regras de concepção e gosto olfativo. Quem classifica o que é perfume ou repulsa, cheiro de homem ou de mulher, ou definições corriqueiras como a de que o cheiro de eucalipto serve para banheiro, o cheiro de negro ou de branco não é o nariz, mas os esquemas sociais. No entanto, é verídico que alguns cheiros causam aversão por questões de sobrevivência, pois o próprio sistema olfatório faz o indivíduo manter distância física de um cheiro pútrido ou cadavérico. O homem se contorce diante do cheiro de alimento podre ou de um corpo em decomposição para instivamente proteger sua vida.

No entanto, pesquisas como a da antropóloga Constance Classen (1996) revelaram como algumas etnias indígenas têm por cultura manter-se próximo ao corpo ou mesmo exumar um ente querido, após semanas, sem alardes emocionais de abominação, a fim de prestar os rituais de homenagem e preparação do espírito para o outro mundo. Em muitas culturas denominadas primitivas, o mundo dos aromas não é apenas coadjuvante, mas justamente o centro e a raiz de desenvolvimento de linguagens e sistemas de pensamento. O que Classen (1996), em um capítulo inteiro[30] voltado para a questão, definiu como uma osmologia olfativa "que significa literalmente 'teoria do cheiro'", a qual utilizou "em

---

30 Conf. Classen, Constance. *Aroma*: a história cultural dos odores. Tradução, Álvaro Cabral. Rio de Janeiro: Jorge Zahar Ed., 1996.

referência ao modo como as sociedades ordenam completamente o cosmo em função de conceitos derivados da olfação" (CLASSEN, 1996, p. 233).

Para Henri Miller (1891-1980), escritor norte-americano de contos eróticos, citado nos escritos de Le Breton[31] (2003 e 2011), os americanos se classificam socialmente como cheirando sempre mal por não aguentarem os próprios cheiros (em uma concepção olfativa introjetada), vivem a se desinfetar com perfumes, pastas de dentes e desodorantes (*marketing* de sujo/limpo da industrialização), a fim de que não se percebam e sejam incapazes de viver "nariz a nariz" como em uma "tribo", o que explicaria a individualidade e vida solitária dessa sociedade (MILLER *apud* LE BRETON, 2003 e 2011, p. 188).

Como vem sendo apontado desde a introdução desta pesquisa, o perfume da modernidade é *clean*, sendo aceitável no máximo um floral para as mulheres direitas e pouco perfume para os homens. O indivíduo ocidental foi moldado para acreditar que cheirava mal e que precisava dissimular os aromas corpóreos e pujantes com uma perfumaria industrial e moldada. Do outro lado, uma perfumaria como estética e ritualística existiu/existe em várias sociedades e tribos, tais como as caixas de perfumes para visitas no mundo árabe e o ritual dos aromas das gueixas no Japão, como discorreu a filósofa francesa Chantal Jaquet (2014).

A vigília sobre a interação humanos-plantas

Parecem ausentes, como blindadas no seu sonho químico. Não têm sentidos. Mas não é fechamento:

---

31 Le Breton cita passagens do escritor de literatura erótica Henri Miller para conseguir expressar-se sobre os cheiros, em um subcapítulo dedicado apenas ao olfato em seu livro Antropologia do Corpo e Modernidade, publicado em 1990. Henri Miller foi considerado um autor polêmico por seu conteúdo pornográfico e teve várias de suas obras censuradas nos Estados Unidos, dentre elas, a mais famosa, Trópico de Câncer, publicado em 1943 e censurado até 1961.

ninguém mais que elas aderem ao mundo ao seu redor. Estão perenemente, constantemente expostas ao mundo e ao próprio ambiente. Não precisam de órgãos de sentidos porque — à diferença da maioria dos animais superiores — não têm uma relação seletiva com o mundo ao seu redor. São a vida em exposição global, em continuidade absoluta, em comunhão absoluta com aquilo que as circunda. Por isso não precisam mover-se. Não mover-se significa aderir completamente àquilo que acontece e ao que as rodeia. Uma planta não é separável do mundo que a recebe. É a forma mais intensa e paradigmática do ser-no-mundo. (COCCIA, 2013, p. 211).

No que concerne diretamente à domesticação do olfato como processo de vigília, é necessário falar sobre as viventes vegetais,[32] presente na base da perfumaria desde seus primórdios, pois foi por meio da integração entre humanos e plantas que se deram as mudanças na concepção olfativa para além dos cheiros corporais. A fumaça das plantas permitiu ao humano criar o conceito de perfume e é, no mínimo, questionável como a história delas é quase ausente em estudos sobre perfumaria. Essa verificação contribui para fortalecer a hipótese de que a mudança na concepção olfativa ocorreu concomitantemente aos processos de vigília, na Revolução Neolítica. É nesse momento que a interação holística na fusão homem-vegetais sofreu seu primeiro embate junto à domesticação das plantas (12.000 a.C.).

Em seguida, o uso dos vegetais foi estigmatizado pela inquisição, que via na sua utilização um indício de bruxaria. A culpabilização por

---

32 O artigo utilizado no feminino é uma escolha desta pesquisa, assim como será visto no capítulo 3 a utilização de artigo feminino também para se referir "a" clitóris, por entender que as viventes plantas, assim como o prazer sexual e experimentações do feminino, sofreram silenciamentos semelhantes e interligados, em uma construção ideológica cristã sobre a figura da fêmea junto aos seus ciclos naturais.

bruxaria era instituída pelo prazer sexual e pelo conhecimento e utilização de ervas, sabedoria que era resguardada ancestralmente em sua maioria por mulheres, pois elas eram as curandeiras, erveiras e parteiras de suas comunidades. Mais tarde, com a industrialização e a vida cada vez mais distante do campo, enfraqueceu-se o elo entre humano e as plantas. Finalmente, a sintetização de aromas vegetais pela indústria de perfumaria solapou de vez a interligação holística, sagrada e intuitiva entre o homem moderno e as viventes vegetais.

As plantas foram utilizadas de forma diversa e com o objetivo de curar os males do corpo e da alma em rituais profanos ou sagrados, por meio da fumaça, de unguentos ou pela destilação de seus óleos. Essas alquimias estão presentes nos cuidados para a saúde do homem desde o Período Neandertal (MARQUES, 1999). O conhecimento erudito do reino vegetal surgiu com a introdução da linguagem escrita e com o surgimento de populações letradas. O Papiro de *Erbes*,[33] no Egito, constitui um dos escritos mais antigos sobre o tema, e, no mundo árabe, Avicena (980-1037) compilou trabalhos gregos e conhecimentos de sua região sobre os vegetais.

Assim, o conhecimento herbário se constituiu de forma gradual e coletiva, mas o reconhecimento oficial coube aos credenciados das ciências, como Hipócrates e Galeno, que foram grandes nomes da antiguidade ligados à arte de curar. A obra deste último representa a síntese da medicina greco-romana que se manteve ao longo da Idade Média e Renascença, chegando ao século XIX com a tradição de purgar os "humores" a partir das plantas. Anteriormente, Paracelso (1493-1541) iniciou a utilização de remédios químicos e se contrapôs aos estudos galênicos, defendendo a cura pela semelhança[34] (MARQUES, 1999, p. 39).

---

[33] O Papiro *Ebers* é um dos tratados médicos mais antigos e importantes que se conhece. Foi escrito no Antigo Egito e é datado de aproximadamente 1.550 a.C.

[34] A classificação dos vegetais teve início na antiguidade com o grego *Teofrastus*, que dividiu as plantas em duas categorias: com flores e sem flores. Em 1530, o médico e botânico alemão Otto Brunfels publicou *Herbarium Vivae Cicones*, considerado o primeiro manual botânico com termos científicos. No século XVIII, a classificação botânica ganha nomenclatura utilizada até os dias atuais. Criada pelo suíço Lineu, a nomenclatura é binominal e baseia-se no gênero e na espécie (RAVEN *et al.*,1996).

No entanto, no mundo moderno, não só os aromas corporais precisariam ser constantemente domesticados, como também os aromas das plantas deveriam ser amansados. A partir da sintetização, a perfumaria passa a ser padronizada. Os perfumes sem alardes e rebeldias próprias, enfrascados aos milhares em uma linha de produção, perdem a fluidez que somente as sinergias naturais carregam. Como desenvolvimento das técnicas sintéticas de padronização dos cheiros, o objetivo passa a ser mascarar com perfumes estáticos, no lugar de experimentar o sagrado com as sinuosidades das notas naturais e suas interações com as pulsões corpóreas.[35] A perfumaria ancestral, que é uma experimentação entre o homem, o sentir e o corpo, sai do rastro do processo civilizador suplantado pelos cheiros aceitáveis junto a uma alfabetização do nariz.

A perfumaria pós-industrialização

No mundo ocidental pós-industrial, se perfumar passou a não ser mais um ritual de conexão com o seu próprio sagrado ou um processo experimental intuitivo. É evidente que o marketing se utiliza desse aspecto subjetivo para gerar uma pseudoaura sagrada para impulsionar suas vendas, por meio da aproximação e apreensão do processo psicológico e intuitivo do indivíduo, assim como fez a instituição religiosa, incutindo medo e culpa nos homens. No entanto, nas regras da cartilha dos aceitáveis, o ato de perfumar e perfumar-se perdeu a movimentação e a independência de cada indivíduo.

Os perfumes industriais domesticaram o público de acordo com o que podiam oferecer. Em vez de ter um nariz livre decidindo junto às próprias emoções, sobre qual cheiro gostaria de usar em determinado momento, a

---

35 O uso ritual, sagrado e artístico dos perfumes era cultural no Egito, por exemplo. Sacerdotisas de determinadas deusas utilizavam o perfume sólido em formato de cone no topo da cabeça. Com o passar do dia e com a incidência solar, ele se derretia, escorria pelo corpo e o untava. A criação de um perfume era produzida de forma artesanal e de acordo com procedimentos ritualísticos sagrados.

fim de experimentar-se, o indivíduo ocidental passa a se pautar em rótulos sobre "o que devo parecer" ou "qual máscara devo utilizar". Nesse formato, o que se observa é um grande número de indivíduos que, obcecados por rótulos-padrão e também consubstanciados pelo processo civilizador, utilizam um mesmo perfume que nada tem a ver com sua personalidade e processo experimental. Nas palavras de Le Breton:

> A publicidade enfatiza negativamente o odor íntimo, o qual ela convida a se desembaraçar graças a numerosos produtos desodorantes. (...) No espaço social, busca-se o silêncio olfativo por meio de um recurso considerável às fragrâncias e aos desodorantes. O perfume não é uma licença, um toque decisivo no jogo da sedução, senão sob a condição de ser utilizado no limite do apagamento. Perfume demais incomoda (LE BRETON, 2011, p. 188).

Acrescentado a esse quadro, estabeleceu-se que cheiro bom é de perfume com alta fixação, sem movimentos e sem interações psicoemocionais do indivíduo com os aromas das plantas na composição sintética. Afinal, interagir com as plantas poderia ser perigoso do ponto de vista higiênico, sanitário e medicinal, pois não haveria estabilidade química quando mescladas aos compostos naturais, além de não haver qualquer padrão que garantisse a segurança na utilização de plantas vivas.

Observa-se que os vegetais apresentam suas formas de (fito)terapia,[36] por meio de seus aromas ou compostos químicos, que atravessam a saúde emocional humana. Essa perfumaria ancestral, intuitiva,

---

36 O termo fitoterapia deriva do grego *therapeia*, tratamento, e *phyton*, vegetal, e diz respeito ao estudo das plantas medicinais e suas aplicações na cura das doenças. O conhecimento sobre plantas e a sua utilização para fins medicinais surgiu em várias partes do mundo, desde o período Neandertal, e se consolidou, o empirismo sobre plantas endêmicas, pela transmissão, de geração em geração, por meio da oralidade. As plantas se tornam medicinais após uso, observação, tentativas, acertos e erros e, posteriormente, podem ser consideradas aptas a restaurar a saúde ou contribuir de forma preventiva para a saúde física, mental e psicológica.

artesanal e sacerdotal das plantas foi e continua sendo uma forma de experimentação e autoconhecimento para os indivíduos e grupos que as praticam em várias sociedades.

Com o formato estático e padronizado da perfumaria civilizada, perde-se o intuir e a interação com as plantas que residiam na perfumaria ancestral. De igual maneira, anula-se a troca de cheiros entre o indivíduo e os vegetais, a descoberta de si por intermédio das mudanças dos odores durante o passar do dia e suas revelações. Processos que ocorrem na integração planta-indivíduo, questão estudada pelo filósofo Emanuele Coccia[37] (2013) e também em minha dissertação de mestrado,[38] no que tange às práticas de curas populares e sua ligação com a utilização das plantas (2014).

Até o final do século XVIII, os perfumes e produtos corporais eram em sua maioria de base animal, pujantes, quentes, resinoides e das raízes que exalavam aromas viscerais, herbáceos e telúricos junto aos corpos humanos. Acreditava-se que os cheiros entéricos contribuiriam para o vigor, a virilidade e a energia. Dessa forma, é compreensível entender que o uso desses aromas com tonalidades animais/entéricas tenha sido reprovado junto ao crescimento dos debates higienistas e dos avanços da química. Constatou-se que a utilização de material orgânico nos corpos humanos era prejudicial à saúde. Algália,[39] almíscar[40] e âmbar cinzento,[41] aromas retirados de fezes e vísceras de animais, passaram a ser condenados.

No entanto, não era apenas a saúde que estava em jogo e a questão higiênica servia mais como tempero ideológico. Para além do entendimento que aromas retirados dos animais são perigosos à saúde e, a partir do século XX, que esses usos vão de encontro aos direitos dos animais,

---

37 Emanuele Coccia. "Mente e matéria ou a vida das plantas". Revista *Landa*, v. 1, nº 2, 2013.
38 RIBEIRO, Palmira Margarida. *Práticas de cura popular*: uso de plantas medicinais e fitoterapia no Ponto de Cultura "Os Tesouros da Terra" e na Rede Fitovida na região serrana. Lumiar/Rio de Janeiro (1970-2010). Dissertação (Mestrado em História das Ciências e da Saúde), Fundação Oswaldo Cruz, Casa de Oswaldo Cruz, Rio de Janeiro, 2014.
39 Aroma retirado da urina do gato algália.
40 Aroma de forte odor retirado da secreção de glândulas do cervo almiscarado.
41 Aroma retirado de material viscoso do estômago das baleias.

é interessante pontuar que esses aromas são considerados notas baixas. O uso aberto e em excesso de notas baixas de origem animal e de alguns vegetais aguçam, por ressonância, a condição de bicho, as vísceras, fezes e sensações emocionais mais animalescas e primitivas. É por essa sensoridade acalorada que comportamentos emocionais deflagrados por esses cheiros passam a ser questão de civilidade e não somente de saúde.

Era necessário, por exemplo, ter pudor com o físico em relação ao toque da água e da sublimidade sedutora desses aromas no corpo, e isso não era uma questão de saúde. Antes da domesticação do olfato, sentir os cheiros das fezes, dos corrimentos vaginais ou do hálito oferecia indícios da saúde do intestino, do estômago e do órgão reprodutor feminino, traduzindo como estava a saúde física e emocional do indivíduo.

Mas sentir cheiro de fezes[42] e vísceras não cabia mais entre os modos do homem moderno, nem mesmo para saber da saúde do próprio corpo, que agora pertencia ao Estado. As notas baixas estavam fora de cogitação, mesmo das plantas, e só seriam possíveis se sintetizadas e padronizadas ou, na melhor das hipóteses, se fossem usadas notas médias e altas,[43] com cheiros concebidos como de donzelas ou Nossa Senhora. Padronizou-se os odores, catalogou-se quais representariam limpeza, frescor ou beleza, tornando os cheiros animais e viscerais um universo fora da conduta esperada de um cidadão civilizado, que apresentaria seu lado farejador completamente mudo e reprimido. Afinal, a perfumaria moderna "amansou a fera".

Um pouco de nota baixa

Este capítulo iniciou-se com o jargão "essa história não cheira bem" e a ideia foi mostrar que, na verdade, o que não cheira bem é a vigília

---

42 Atualmente há inúmeros produtos químicos, com grande apelo publicitário e aceitação de público, que neutralizam os odores de fezes. Eles são comercializados sob a forma líquida e devem ser borrifados pelo indivíduo antes de fazer as necessidades fisiológicas, a fim de "tapar" o cheiro das fezes.

43 Mais voláteis e menos viscerais que as notas baixas.

sobre a intuição, as pulsões e as paixões alheias. Esta seção foi nomeada de "Um pouco de nota baixa", pois, como foi visto, elas são as mais viscerais, profundas, intensas, íntimas, violentas, rebeldes, entranhosas e subversivas. Quimicamente, são as notas menos voláteis de um perfume, as que exalam por último. São densas, resinoides, não se submetem facilmente ao frasco. São encorpadas e, principalmente, sorrateiras e silenciosas. Intimistas e intimidadoras, não fazem barulho, mas são as que mais provocam as sensações. Decerto porque ressoam junto às vísceras e às paixões humanas, como já foi colocado. As notas baixas revolvem as entranhas humanas e fazem-nas colocarem-se para fora, impulsionam para que saia o que está silenciado a partir da similaridade, isto é, semelhante atraindo semelhante, como um espelho explicitando as sombras de quem o mira.

A vigília é tal sobre as potências exaladas pelos cheiros, que a expressão das mais prazerosas e íntimas sensações ativadas por eles é um ato de vergonha, ao passo que poderia ser algo encantador e visceralmente poético. Em decorrência disso, o estudo nesse campo estabelece um formato sensível, para que os cheiros possam ser expressados de forma intuitiva e verdadeira, ou seja, um elemento manifestado pelas pulsões. A respeito desse ponto, Le Breton cita um experimento conduzido por dois sociólogos[44] que realizaram uma enquete sobre cheiros em uma população aleatória:

> Dialogando sem diretivas com seus interlocutores, deixando a conversação alimentar-se dela mesma, ao fio de associações olfativas, eles se veem tornar, contra a sua vontade, o objeto de confidências cada vez mais íntimas, a tal ponto que, ao termo dessa primeira etapa, somente um quarto de seus entrevistados revelou-se utilizável a apuração de seu estudo. Interrogado

---

44 Experimento citado por entrevista com P. Dard e A. Blanchet. *Conf.* LE BRETON. *Antropologia do Corpo e Modernidade*, tradução de Fábio dos Santos Creder Lopes. Petrópolis: Editora Vozes, 2011, p. 176.

livremente sobre a sua experiência olfativa, cada um descobre uma multidão de anotações a revelar, tocando detalhes **íntimos** da vida cotidiana cuja recordação só pode aflorar se deixamos a palavra se associar à vontade de sua fantasia, sem tentar canalizá-la. Na evocação **sem controle**, os odores são um componente de escolha da espuma dos dias. Em contrapartida, fazendo os mesmos encontros, duas semanas mais tarde, munidos dessa vez de um questionário mais **rígido**, os dois pesquisadores não obtêm mais do que as respostas esperadas,[45] aquelas que apontam somente "maus odores" (LE BRETON, 2011, p. 176).

Dessa forma, entende-se que o vocabulário real dos cheiros se dá na intimidade, justamente aquilo que não se pode falar ou experimentar, em detrimento das ordens mentais estabelecidas anteriormente na Idade Média e, posteriormente, pelos pudores higienistas. Se fosse permitido pensar sobre cheiros e dar voz aos mesmos de forma livre, seria provável que a maioria dos indivíduos trouxesse à tona assuntos como sexo, erotismo, prazeres corporais e escatológicos, orgasmos, cheiros das partes genitais e tudo que exalasse um processo de experimentação e de prazer.

Com a maciça presença da sociedade da vigília, isso não foi possível, ainda há uma tendência em falar do assunto de forma rígida, analítica e inflexível. Após dez anos ouvindo mulheres descrever cheiros de óleos essenciais em um método de teste olfativo às cegas desenvolvido por mim, foi muito comum, por exemplo, o aroma da rosa gálica (conhecida vulgarmente como rosa vermelha ou *french rose* no mundo da perfumaria natural) ser descrito pelas interlocutoras, cada uma dentro de seu próprio vocabulário, como "mau cheiro", "cheiro de suor", "cheiro de sujo", "cheiro de vagina quando estamos na menstruação". Além daquelas

---

45 Grifos meus.

que descreveram demarcadores sociais como "cheiro de puta", "cheiro de mulher rampeira" e "cheiro de mulher poderosa" (RIBEIRO, 2018).

Ao ser revelado que o aroma inalado era do óleo essencial de rosas vermelhas, muitas vezes elas se zangavam ou mostram-se tristes e incrédulas, acreditando ter algo errado consigo mesmas por não terem gostado do cheiro de rosas. Como se o fato de uma mulher gostar do cheiro de rosas vermelhas fosse uma confirmação social de que ela era envolvente e atraente. Também por processos de construção simbólica social, a mulher casta e direita deveria gostar do cheiro de rosas brancas.

Hás duas questões muito importantes nesses desafetos para com as rosas vermelhas. Primeiro, perceber que mulheres se sentem obrigadas a gostar de cheiros de rosas, pois assim foi delimitado no mundo da perfumaria domesticada, isto é, cheiro de flores para mulheres e cheiro de madeira para homens. Segundo, as conexões estabelecidas entre cheiros naturais, como o de suor e de menstruação, por exemplo, com sujeira, e, portanto, mau cheiro. O que aponta o processo higienista introduzido inconscientemente nos indivíduos, entendendo como semelhantes cheiros corpóreos e sujeira. Terceiro, o xeque-mate da vigília sobre prazer e cheiros: demarcadores sociais como "puta" e "rampeira", corroborando a ideia de que prazeroso é sujo e, portanto, beira a libertinagem, sordidez, safadeza e, logo, representa "algo que não cheira bem".

As rosas vermelhas, assim como os jasmins (algumas espécies com nomes bem sugestivos, como "dama da noite"), são símbolos da paixão, dos apaixonados ou de mulheres "poderosas". Essas notas sintetizadas encontram-se em perfumes que venalizam o estigma de uma mulher devoradora e sensual. O interessante é notar que, quimicamente, o odorante indol, encontrado nas fezes humanas, está presente no jasmim, por exemplo, em proporções diferenciadas. Nas palavras de Bettina Malnic:

> (...) para alguns odorantes, uma alteração na concentração pode tornar desagradável um cheiro agradável.

> (...) o odorante indol, naturalmente encontrado em fezes humanas e em certas plantas, em altas concentrações exala um intenso e desagradável cheiro fecal. No entanto, quando diluído a baixas concentrações, percebe-se um cheiro semelhante ao de flores, como o de jasmim. Atualmente, o indol pode ser artificialmente sintetizado em laboratório e é muito utilizado na composição de perfumes florais (MALNIC, 2008, p. 27).

De nariz a nariz

Neste momento, meto o nariz em primeira pessoa. Talvez por meu olfato apurado, pela sinestesia ou por mais da metade de minha vida criando misturas aromáticas, sempre senti cheiro de suor em algumas plantas e cheiro de jasmim, ou algo parecido a floral, nas fezes. Moradores de rua, por suas condições sociais e impedidos de se banharem, exalam um forte cheiro corporal, no qual sinto também cheiros dessas flores mais pujantes, o mesmo acontece quando entro em uma academia de ginástica.

Contudo, é muito provável que esses tipos de flores consideradas cheiros pungentes sejam assim classificados pela semelhança com os cheiros corporais, apesar de não serem identificáveis consciente ou diretamente. Ademais, nossos ancestrais mais harmonizados com a natureza apresentavam narizes mais apurados ao sentirem semelhança entre o aroma dessas plantas e os cheiros emanados pelo corpo. Esses cheiros foram transformados em símbolos da paixão, do prazer, da mulher sedutora, do sexo, e isso explica por que na atualidade homens presenteiam mulheres que os atraem com rosas vermelhas.

Essas pistas de assimilação e semelhança também podem ser decodificadas na trilha dos nomes de algumas plantas. Por exemplo, camomila é uma derivação de manzanilla, que significa maçã ou "como uma maçã". De fato, para os narizes mais apurados e não domesticados, as espécies de camomilas apresentam cheiro muito próximo ao das maçãs. Nossos ancestrais, com narizes ainda não industrializados, e vivendo em uma época sem agrotóxicos, na qual as plantas exalavam seus aromas de forma vivaz, deram o nome de maçã à camomila. Provavelmente, mesmo sem saber a explicação científica, os ancestrais sentiam a presença de indol em algumas flores, bem como nas escatologias humanas. Como o corpo é prazer por excelência, perceber essas flores como semelhante ao gozo e ao erotismo é uma via esperada.

É interessante notar também que a cientista Bettina Malnic utiliza a palavra "desagradável" para descrever cheiro fecal. Demonstra como os termos de vigília estão silenciosamente introjetados nas mentes. O mau cheiro, principalmente os cadavéricos e putrefatos[46] com suas bactérias e doenças, é exalado e avisa ao nariz os perigos que carregam. São encenações sociais e aprendizados, observáveis em crianças ainda não corrompidas. Para Le Breton:

> Para a criança, não existem maus odores, não há senão odores, sobretudo em se tratando de eflúvios vindos do corpo. Lentamente, sob a pressão da educação, isto é, de um sistema de valores particular, transmitido pelos seus pais, a criança associa os odores do corpo ao desgosto e evita-os sempre mais, sobretudo na presença dos outros. Mas, anteriormente, a criança não experimenta repugnância alguma das emanações corporais, ela gosta de brincar com seus excrementos, sua urina, ela ama cheirá-los. Nada a perturba olfativamente em seu espaço de vida (LE BRETON, 2011, p. 183).

---

46 Apesar de Classen (1994) ter demonstrado, em variados trabalhos antropológicos, que em algumas sociedades ditas primitivas esses cheiros não são repelentes ao olfato, pois essas sociedades acostumam-se com os cheiros e, inclusive, os utilizam como marcadores de seus rituais.

O mau cheiro que foi classificado pelo processo civilizador precisa ser reavaliado, desconstruído e passível de ser sentido, novamente, na perspectiva do devir-animal do homem. É dessa forma que o indivíduo poderá voltar a ser sensível aos próprios ciclos e pulsões e consciente de si, escutando o próprio nariz, ou, como no jargão popular, passará a "cuidar mais do próprio nariz". Ignorando as condutas alheias e cuidando mais de si, poderá entender e confiar que quando "não se gosta mais do cheiro" do marido ou da esposa é porque o olfato está sinalizando emoções latentes.

Entenda-se aqui a sutil e reveladora diferença entre aceitar a imposição que tal odor corpóreo tem "mau cheiro" ou que se "deixou de gostar" de um cheiro que antes era aprazível. O primeiro caso é uma imposição de vigília e ordem da civilidade; o segundo é o olfato agindo naturalmente, mapeando as emoções, informando intuitivamente como o seu indivíduo portador se sente. É para isso que serve o nariz!

Se a sociedade puder viver "nariz a nariz", para usar a expressão de Henri Miller, ou seja, cada um preocupado com os apontamentos intuitivos do próprio olfato, será possível viver o prazer sem a carga do pecado, do medo e da culpa. Finalizando com Le Breton, "as mulheres, com certeza, são as mais visadas por esse tema culpabilizante, que faz do corpo um lugar naturalmente malcheiroso" (LE BRETON, 2011, p. 187). Será sobre os cheiros e prazeres delas que desenvolvo o próximo capítulo.

3. "O corpo é uma festa"

> O corpo não é uma máquina como nos diz a ciência. Nem uma culpa como nos fez crer a religião. O corpo é uma festa. (Eduardo Galeano. *Las palabras andantes*, 1993).

É com a frase de Eduardo Galeano que este capítulo se inicia, e foi por conta dela que esta pesquisa chegou à sua principal fonte, o periódico *O Rio Nu*, que será analisado no próximo capítulo. Antes, porém, é preciso entender por que um jornal pornográfico se tornou o principal material de uma pesquisa em que o objeto é o cheiro, e, posteriormente, por que as mulheres tornam-se figura central nesse debate.

O corpo humano e suas pulsões tornaram-se o prato principal do banquete da vigília, e, até este momento, isso pareceria óbvio, mas não foi um caminho tão fácil perceber, justamente, que o corpo é o corpo imerso em suas emanações e não o que dizem e impõem sobre ele. Segundo a medicina, o discurso da saúde, da higiene e do bem-estar, o corpo é apenas um acessório. Diante disso, o único lugar possível que se apresentou para que o corpo pudesse ser corpo-intuição foi no seu próprio prazer, materializado em páginas de jornal humorístico e erótico, bem como em uma festa.

Já foi analisado que essa consciência íntima, festiva e prazerosa foi prejudicada com a propagação de uma conduta social na qual cheirar e cheirar-se não era mais permitido, o que evoluiu para o enfraquecimento da percepção olfativa. A retórica da ojeriza com a fisiologia do próprio organismo, como nojo das fezes, da urina e da menstruação, por exemplo, estimulou o distanciamento das sensibilidades. Esses fatores contribuíram para a uniformização dos corpos juntamente com as das emoções, dos comportamentos e das formas de sentir.

Diante desse quadro, Le Breton discerne sobre o corpo como lugar acessório. Para ele, a existência corporal está infundida no contexto sociocultural, sendo o canal por onde as relações sociais são concebidas e experimentadas. Assim, representações e imaginários, tanto do individual, como do coletivo, se dão a partir de construções que os indivíduos apresentam acerca do corpo e como este o representa na coletividade, já que "o processo de socialização da experiência corporal é uma constante da condição social do homem" (LE BRETON, 2003, p. 8).

A procura pelos cheiros em manuais de medicina apenas mostrou mais do mesmo dessas representações já condicionadas. Nos jornais de senhoras, ficou comprovado como a política higienista agiu e se substanciou. Como já foi exposto, esses materiais solidificaram a hipótese de mudança da concepção olfativa no país. No entanto, não ficou compreensível por que a domesticação dos cheiros nos corpos femininos foi muito mais latente.

As pesquisas científicas atuais mostram que mulheres apresentam mais células na região cerebral associada à detecção dos cheiros do que homens,[47] que seus ciclos naturais são modificados por cheiros e que suas emoções são demonstráveis de acordo com a sua sensibilidade olfativa. Nesse caso, o nível de cortisol diminui ao ter contato com o cheiro da pessoa amada, o que baixa seu nível emocional de estresse, como foi visto no capítulo 1.

Evidentemente que quando o olfato passou a ser estigmatizado, ainda não havia conhecimento do que se sabe atualmente sobre cheiros e suas consequências nas emoções. Mas entendia-se que o olfato aproximava o indivíduo de sua condição animal e que, portanto, as pulsões precisariam ser combatidas, em um primeiro momento, como pecado, e, em um segundo momento, como sujeira. Diante desse processo de longa duração, o pecado e a sujeira se tornaram sinônimos e os pressupostos da higiene reforçaram esses estigmas, transpondo suas perseguições de um lugar religioso para uma estrutura racional, a ciência.

---

[47] A pesquisadora Ana Virgínia Oliveira Pinto, do Laboratório de Neuroplasticidade da Universidade Federal do Rio de Janeiro, dissecou o cérebro de 7 homens e 11 mulheres com idades entre 55 e 94 anos e contabilizou as células do bulbo olfatório. Nas mulheres, essa região cerebral tem em média 16,2 milhões de células, das quais 6,9 milhões são neurônios, as principais unidades processadoras de informação. Já o bulbo olfatório masculino, apesar de mais volumoso, tem apenas 9,2 milhões de células (3,5 milhões de neurônios). Espalhadas por toda a mucosa do nariz, as células receptoras de odores emitem prolongamentos que atravessam um osso (etmoide) da base do crânio e se conectam aos neurônios do bulbo olfatório. Ali, acreditam os neurocientistas, ocorre o primeiro estágio do processamento dos odores: a avaliação da intensidade e da familiaridade de um cheiro. Uma vez estimulados, os neurônios do bulbo olfatório acionam células de outras regiões cerebrais relacionadas à memória, às emoções e à interpretação consciente. *Conf.* OLIVEIRA-PINTO, A.V. *et al.* "Sexual dimorphism in the human olfactory bulb: females have more neurons and glial cells than males". PLoS One. Disponível em: https://www.ncbi.nlm.nih.gov/pubmed/25372872. Acesso em: 20 nov. 2014.

Cabe salientar que esta pesquisa não é um manifesto contra a higiene, pois a higiene tem várias facetas em culturas variadas. Na nação Himba, por exemplo, no noroeste da Namíbia, o banho ainda acontece a seco com a utilização de uma pasta, a "Otjize", composta por gordura, ocre vermelho e resinas aromáticas aplicadas no corpo e nos cabelos das mulheres. A mistura serve para a limpeza do corpo, para a proteção solar, contra picada de insetos e selagem da pele. Há ainda uma questão simbólica em relação ao ciclo menstrual, como será visto adiante. Para o povo Himba, esta é a sua forma de higiene, pensando aqui higiene de forma livre, sem os valores ocidentais correlatos.

Cada grupo cultural tem a sua própria maneira de manter a saúde e muitas delas movimentam-se em uma disposição holística e experimental do próprio corpo. Na cultura indiana, por exemplo, na medicina ayurveda, praticada há sete mil anos, é tarefa do indivíduo a observação e análise do próprio corpo. O balanceamento do mesmo se dá pela observação dos cheiros corpóreos, uma dieta alimentar disciplinada, uso de chás e temperos de acordo com os doshas,[48] prática diária dos asanas[49] e meditações. É a interação atma[50]-corpo (alma e corpo) pelo próprio indivíduo que se compõe o estado de bem-viver. Na tradicional medicina chinesa, em prática há quatro mil anos, os cuidados também partem da interação indivíduo-corpo. Assim como nas nações indígenas brasileiras e andinas, por exemplo, o hábito dos banhos diários e da vaporização por ervas está interligado aos ciclos da natureza e fases lunares.

As formas de autocuidado dos povos não ocidentais passam, justamente, pelo fator experimentação alma-corpo como parte integrante do meio natural que os cercam. Diferentemente da visão de corpo na medicina ocidental, que, nas palavras de Le Breton:

---

48 Classificações ayurvédica de perfis fisiológicos dos indivíduos.
49 Posturas de yoga.
50 Essência do indivíduo.

(...) responde a uma tripla excisão: o homem é cindido de si mesmo (distinção entre homem e corpo, alma-corpo, espírito-corpo etc.), cindido de outros (passagem de uma estrutura social de tipo comunitário a uma estrutura de tipo individualista), cindido do universo (os saberes da carne não extraem mais de uma homologia cosmos-homem; eles tornam-se singulares, próprios somente à definição intrínseca do corpo). É provável, com efeito, que as teorias do corpo, que buscam em sua materialidade mesma o princípio de **análise**, sem recorrer a significações que já tenham uma existência autônoma alhures, estão sempre ligadas a sociedades que perderam seu enraizamento holista em proveito de uma divisão individualista. O corpo, com efeito, funciona como (...) uma espécie de marco de fronteira que encerra a realidade do sujeito e o distingue dos outros. A partir dos primeiros anatomistas, (...) a representação do corpo não é mais solidária de uma visão holista da pessoa; ela já não transborda o corpo para procurar, por exemplo, em um cosmos humanizado, o princípio de sua visão de mundo. Os anatomistas distinguem o homem de seu corpo, eles abrem cadáveres e se inclinam sobre "um belo exemplar de máquina humana" (Marguerite Yourcenar), cuja identidade é indiferente. O pedestal epistemológico da medicina repousa sobre o estudo rigoroso do corpo, mas de um corpo cindido do homem, tornado leve, percebido como receptáculo de doença. (...) Estabelece um dualismo metodológico que alimenta, ainda em nossos dias, as práticas e as pesquisas da instituição médica. O saber anatômico e fisiológico sobre o qual repousa a medicina consagra (...) a indiferença em relação ao sujeito que ele [o corpo] encarna (LE BRETON, 2011, p. 284).

Trazendo novamente Deleuze e Bergson para o debate, o conceito de higiene ocidental dentro da medicina ocidental separa o homem do corpo e o corpo da intuição, formulando seus postulados em conclusões cada vez mais mecânicas e analíticas, em contrapartida a uma higiene/saúde holística prazerosa e pulsante, no que concerne às vivências corpóreas, a fim de se autoconhecer, manter o prazer e bem-estar e, por consequência, a saúde.

As culturas ancestrais também passaram por intervenções sanitárias advindas do mundo ocidental e, ainda hoje, vastas regiões na Índia não contam com banheiro nas residências e a população vive de forma precária. No entanto, a ciência sanitarista pode ser proativa junto a outros formatos de cuidados individuais. Ainda nas palavras de Le Breton:

> Seus modos de validação são contraditórios. O que não significa que um ou outro sejam falsos. A pertinência de um ato terapêutico não significa que o outro seja errôneo; sua modalidade de aplicação pode diferir e levar, entretanto, ao mesmo resultado positivo (LE BRETON, 2011, p. 280).

Tendo elucidado que a problemática não está na higiene, mas na forma como o higienismo ocidental se compõe, chega-se ao cerne deste capítulo: a origem da higiene ocidental marcada pela separação do indivíduo-corpo, advinda de um processo pregresso de caráter religioso desde o século XII, sendo consolidado pelo movimento anticorporal consagrado na Reforma Gregoriana (Papa Gregório, 1073-1083).

O corpo não é uma festa

Segundo Le Goff (2011), a ideologia anticorpórea se consagrou com o ideal ascético beneditino. O ascetismo é o "desprezo do mundo" em detrimento da busca espiritual, por meio da domesticação dos prazeres da carne e da alma, mas "é antes de tudo um desprezo pelo corpo". Ao proporem a retirada dos indivíduos das coisas do mundo, o ascetismo dos beneditinos se tornou útil para a política feudal que se instalava na virada do século XI para o XII. O sistema feudalista necessitava de um ideal que trouxesse para a sociedade a moderação materializada no *discretio* asceta beneditino. A *discretio*, entendida como discrição e perspicácia, observação do mundo e do corpo sem envolver-se com os mesmos, "a renúncia ao prazer e a luta contra as tentações", por intermédio da promoção da culpa, ocupava a mente camponesa e não a deixava ter contato com as pulsões intuitivas e instintivas que provocavam, no mesmo lugar dos prazeres sexuais, o gozo de resistir, subverter e enfrentar a ordem.

Dessa forma, a higiene ocidental que se desenhava com o objetivo de combater o pútrido tem sua origem também em um ideal religioso, no ascetismo, que não nasceu, apenas, da pretensão de afastamento ao animalesco, mas como discurso para fortalecer um sistema político-econômico que necessitava, diante da pobreza e miséria necessárias para a sua manutenção, acalmar os ânimos e calores da classe menos abastada. A figura de um Deus sofredor, um filho flagelado e um corpo mortificado tomavam forma para que o homem também se mortificasse e expiasse o próprio corpo. O corpo cristão deveria sofrer e, ao mesmo tempo que o indivíduo se flagelava individualmente, ele seria controlado pelas normas da instituição religiosa, a maior representante do Estado no período:

> A Igreja [amplia] os períodos em que a alimentação dos fiéis é submetida a restrições. A partir do século

XIII, o calendário alimentar compreende abstinência de carne três vezes por semana, jejuns na Quaresma, no Advento, nas Têmporas (três dias de jejum no início de cada estação), na vigília das festas e às sextas-feiras. Por meio do controle dos gestos, a igreja impõe ao corpo um policiamento no espaço e, por meio dos calendários de proibições, lhe impõe um policiamento no tempo (LE GOFF, 2003, p. 38).

O corpo mortificado, cansado, flagelado, sem pulsão, amedrontado e frágil por intensos jejuns, excesso de trabalho e totalmente desconectado do prazer não poderia subverter a ordem:

Esse "expurgo" visava recolocar dentro de regras de comportamento dominante as massas camponesas submetidas muitas vezes aos mais ferozes excessos dos seus senhores, expostas à fome, à peste e à guerra, e que se rebelavam. E principalmente as mulheres. Era essencial ao sistema capitalista que estava sendo forjado no seio do feudalismo um controle estrito sobre o corpo e a sexualidade. (...) Começa a se construir ali o corpo dócil do futuro trabalhador, que vai ser alienado do seu trabalho e não se rebelará (MURANO, 2015 *apud* KRAMER, 2015, p. 83).

O sofrimento do corpo e o sangue de Cristo foram utilizados para fortalecer a ideia de flagelo e subserviência. Antes de ser um lugar religioso, ele era a estruturação de um movimento socioeconômico, assim como adiante o higienismo ocidental não será apenas uma questão de saúde, mas de ordem e estabelecimento das civilidades do modelo econômico vigente. Era necessário demarcar classes e, pensando nos cheiros, criar necessidade de consumo no indivíduo, a fim de se destacar como estabelecido-pertencido ao grupo dos limpos, puros, racionais e sem pecados, por mais que estes dois últimos sejam aparentemente contrários.

Outro paradoxo era como os gregos tratavam a questão da alma e do corpo, como observou Foucault em *História da sexualidade* (2014, orig. 1984). Se na Idade Média a alma era transcendental e o corpo era escória, na Roma de Galeno (129 a.C.–217 a.C.), era necessário domesticar a alma e não deixá-la dominar o corpo. Ao corpo caberia apenas o papel mecânico escatológico de suas funções orgânicas, ele não deveria estar entregue às pulsões provenientes das paixões da alma. Não é contraditório se pensar que o corpo nesse período já estava sendo amarrado e comedido, levado a não sentir.

No século XII, a alma passa de tentadora de desejos do corpo para a feição religiosa sagrada e transcendental. Era necessário que algo, fosse a alma ou o corpo, pudesse ser colocado no lugar do divino, a fim de que a mente fosse convencida e moldada por "algo maior e superior" que não fosse o Estado, outro homem comum ou uma instituição, mas algo realmente convincente e amedrontador.

Entre corpo e alma, escolheu-se a última, já que o primeiro era animalesco e escatológico, enquanto a alma teria a graça de ser etérea e subjetiva, mágica e sagrada, como um perfume. Passa-se, então, não a culpar a alma pelas paixões, mas o corpo. Estruturação mental compreensível, inclusive, por questões regionais. O Império Romano tão próximo dos padres do deserto do Oriente, a ordem Beneditina, que peregrinavam entre próximo Oriente e Roma e traziam em sua bagagem ideias do ascetismo e limpeza do corpo. Os beneditinos já haviam trazido o ascetismo do corpo. Agora faltava sacralizar a alma, já que antes, na Grécia e em Roma, ela precisava ser domesticada. Foucault descreve esse período greco-romano anterior à alma sagrada.

> De certa forma, é o corpo que faz a lei para o corpo. Contudo, a alma tem seu papel a desempenhar (...) pois é ela quem, incessantemente, se arrisca

a levar o corpo além de sua mecânica própria e de suas necessidades elementares; é ela quem incita a escolher momentos que não são apropriados, a agir em circunstâncias suspeitas, a contrariar as disposições naturais. Se os humanos têm necessidade de um regime que leve em conta, com tanta meticulosidade, todos os elementos da fisiologia, é porque eles tendem, incessantemente, a dele se afastar pelo efeito de suas imaginações, de suas paixões e de seus amores. (...) A alma racional tem, portanto, um duplo papel a desempenhar: ela terá de fixar para o corpo um regime que seja efetivamente determinado pela natureza do corpo (...), ter eliminado os erros, reduzido as imaginações, dominado os desejos que lhe fazem desconhecer a sóbria lei do corpo. Ateneu — em quem a influência estoica é sensível — define de modo bem claro esse labor da alma sobre ela própria como condição de um bom regime somático: "o que convém aos adultos é um regime completo de alma e do corpo... tratar de acalmar as próprias pulsões (*hormai*), e de fazer de forma que nossos desejos (*prothumiai*) não ultrapassem nossas próprias forças" (FOUCAULT, 2014, orig. 1984, p. 165).

A Roma e a Grécia da Era de Galeno foram a base para as mentalidades do corpo mecanicista, de uma formação meticulosa e da resignação do corpo por meio da severidade e rigidez, que deveriam manter o indivíduo sobre a alma. O corpo estaria de acordo com suas funções mecânicas se a alma fosse mantida quieta e dominada. Do século I até o XI, a instituição cristã e o processo econômico do feudalismo se uniram e trouxeram para a alma, a partir do ascetismo dos monges eremitas e flagelados beneditinos, a sacralização que faltava para ligar o homem a um Deus. Com o Papa Gregório VII (1073-1085), finalmente o corpo de Cristo é utilizado como mártir no tratamento do corpo. Tornar-se-ia agora pecaminoso em suas pulsões e altamente cansado e desprovido de prazer, de farejamento e impulso, compunha a inércia do corpo e da alma do indivíduo diante das desigualdades sociais.

No entanto, é mister traçar duas pontuações necessárias. A primeira é a de que as personagens anônimas da história não são totalmente inertes como a historiografia, por vezes, descreve. O ser humano sempre encontrou uma forma de escapar, se utilizando de falhas e brechas nas estruturas que o amarravam, como observou Norbert ao analisar o processo civilizador, pois existem zonas de negociação nos conflitos. A segunda está no cerne deste capítulo: as mulheres. Em seus trabalhos, Le Breton, Foucault, Le Goff e Norbert Elias pontuaram ter sido a mulher a maior vítima no processo de domesticação dos corpos, por sua condição social menos favorável diante de um corpo social patriarcal. A Igreja colocou o pecado residente na mulher e, por consequência, a vigília sobre o corpo e a castração do prazer dela foi maior. Coube a Eva, no episódio bíblico, o papel de quem mordia a maçã ao dar ouvidos a uma serpente (Lilith).

Havia o interesse econômico na desemancipação das mulheres, pois elas representavam perigo de subversão. Afinal, dominavam o conhecimento sobre ervas e suas utilidades para o corpo e bem-estar, eram parturientes e geravam os herdeiros, tratavam da saúde de suas comunidades de forma holística no sentido do ser integral, já que ainda não haviam se afastado totalmente dos ciclos da natureza, pois o ciclo menstrual as impelia a manter esse contato. Ao serem cuidadoras e nutridoras de seus grupos, por deterem o entendimento do crescimento e manuseio das plantas, elas acabavam por terem voz e respeito entre os seus.

> Elas (as curadoras) eram as cultivadoras ancestrais das ervas que devolviam a saúde, e eram também as melhores anatomistas do seu tempo. Eram as parteiras

que viajavam de casa em casa, de aldeia em aldeia, e as médicas populares para todas as doenças. Mais tarde elas vieram a representar uma ameaça. Em primeiro lugar, ao poder médico, em segundo, porque formavam organizações pontuais (comunidades) que, ao se juntarem, estruturavam vastas confrarias, as quais trocavam entre si os segredos da cura do corpo e, muitas vezes, da alma (MURANO, 2015 *apud* KRAMER, 2015, p. 81).

Ainda foram vistas como uma forma de tirar a atenção dos homens do trabalho campesino, no que tange à lascívia feminina. Mais do que qualquer homem, o corpo da mulher precisava ser reprimido junto com os seus conhecimentos holísticos e integrais.

Como o trabalho é penoso, necessita agora de poder central que imponha controles mais rígidos e punição para a transgressão. É preciso usar a coerção e a violência para que os homens sejam obrigados a trabalhar, e essa coerção é localizada no corpo, na repressão da sexualidade e do prazer. Por isso o pecado original, a culpa máxima, na Bíblia, é colocado no ato sexual (é assim que, desde milênios, popularmente se interpreta a transgressão dos primeiros humanos). (...) A partir desse texto, a mulher é vista como a tentadora do homem, aquela que perturba a sua relação com a transcendência e também aquela que conflitua as relações entre os homens. Ela é ligada à natureza, à carne, ao sexo e ao prazer, domínios que devem ser rigorosamente normatizados: a serpente, que nas eras matricêntricas era o símbolo da fertilidade e tida na mais alta estima como símbolo máximo da sabedoria, se transforma no Demônio, no tentador, na fonte de todo pecado. E ao Demônio é alocado o pecado por excelência, o pecado da carne. Coloca-se no sexo o pecado supremo (MURANO, 2015 *apud* KRAMER, 2015, p. 52, p. 68).

A mulher farejadora

> Não era a inteligência nem a razão o que lhe apontava o perigo, mas o instinto, o faro sutil e desconfiado de toda fêmea (Aluísio de Azevedo. *O cortiço*, 1890, p. 117).

A vivência cíclica com a natureza tinha uma conexão direta com as mulheres devido aos seus ciclos menstrual e gestacional. Como observa Murano, "há um consenso entre os antropólogos de que os primeiros humanos a descobrir os ciclos da natureza foram as mulheres, porque podiam compará-los com o ciclo do próprio corpo" (MURANO, 1990, p. 36). Atualmente, a ciência aponta que mulheres têm maior capacidade olfativa que os homens, mas sem que os ancestrais soubessem disso, a mulher no Neolítico até a Idade Média provavelmente experimentava mais essa capacidade.

As mulheres acumularam uma perícia desde antes do Neolítico, a cura através da fricção das plantas na pele ou inalando fumaças aromáticas dos vegetais. Posteriormente, com a domesticação das plantas a partir de um longo período de experiências transferidas entre gerações de mulheres, elas se tornaram exímias sábias dos vegetais, relacionando-os a seus próprios ciclos. Ademais, o poder do farejo e da intuição-experimentação da natureza fizeram com que elas se assemelhassem mais aos animais, somado ao fato de ainda sangrarem e parirem de cócoras, como as fêmeas das outras espécies.

É preciso pensar os cheiros como os indivíduos daquele tempo.[51] Antes dos agrotóxicos e de uma alimentação industrializada, antes da cultura do absorvente e do parto deitado, os cheiros dos dois aspectos mais animalescos nas comunidades, isto é, do ato de menstruar e de parir, exalavam aromas vivos.

Nesse sentido, duas experiências pessoais: a primeira refere-se do cheiro exalado de parto natural ocorrido em casa. Nos últimos anos, tendo acompanhado mulheres doulas e parturientes, foi muito perceptível a semelhança entre o cheiro exalado num parto humano e aquele exalado por qualquer fêmea mamífera, como uma gata. O aroma é entranhoso, visceral, corpóreo e impregna ar e objetos. As roupas do recém-nascido, o próprio, os móveis, tudo o que ficou "incensado" pelo cheiro de parto, e esse aroma permanece por um longo período, às vezes, por meses. O segundo está ligado ao início da cultura de utilização de absorventes no mundo ocidental (1930), que modificou a concepção olfativa da mulher sobre seu sangue menstrual e, consequentemente, sobre seu próprio corpo e ciclos. Os absorventes descartáveis possuem plástico que não permitem troca de ar, criando um ambiente para a proliferação de bactérias e acarretando um odor de sangue putrefato. Esse aroma é mascarado por perfumaria no absorvente, o que pode irritar a pele e deixar o odor, já misturado com o sangue, ainda mais intenso. Ao descontinuar o uso desses absorventes, atualmente, e optarem por novos produtos no mercado ou voltarem aos panos de algodão, mulheres relatam não sentirem mais cheiro de sangue pútrido — pelo contrário, sentem um cheiro de "ferro vivo" e muito leve (RIBEIRO, p. 2018).

---

51 Especialistas em teoria evolutiva, Masatoshi Nei e colaboradores mostraram em estudo que seres humanos e chimpanzés têm repertórios olfativos de tamanhos semelhantes, que encolheram ao longo da evolução: ambas as espécies têm cerca de 800 genes para produzir receptores olfativos, mas menos da metade deles é funcional. A outra metade perdeu a função original — são os chamados pseudogenes. Os pesquisadores que estudam a evolução do olfato acreditam que as espécies que dependem menos do faro ao longo do tempo acumularam mutações e perderam a função de certos genes. É o caso de homens e chimpanzés, que contam, para enfrentar os desafios cotidianos, com uma visão nítida, em cores e que permite enxergar em profundidade. Conf. NEI, M., Niimura, Y., Nozawa, M. The evolution of animal chemosensory receptor gene repertoires: roles of chance and necessity. *Nature Reviews Genetics*, 9, 2008, p. 951–963.

As ancestrais, provavelmente, detinham maiores conhecimentos sobre seus corpos, pulsões e, principalmente, sobre emoções, não só por farejarem mais, mas por também terem uma interação fluídica entre seu corpo, faro (intuição) e natureza.

> Se nas culturas de coleta as mulheres eram quase sagradas por poderem ser férteis e, portanto, eram as grandes estimuladoras da fecundidade da natureza, agora elas são, por sua capacidade orgástica, as causadoras de todos os flagelos a essa mesma natureza. Sim, porque as feiticeiras se encontram apenas entre as mulheres orgásticas e ambiciosas (Parte I, Questão VI), isto é, aquelas que não tinham a sexualidade ainda normatizada e procuravam impor-se no domínio público, exclusivo dos homens (MURANO, 2015 *apud* KRAMER, 2015, p. 94).

Sentindo os cheiros como indivíduos do período da Roma Galênica até a Idade Média Ocidental, e, diante dos processos de vigília, castração e diferenciação entre os outros animais que se consubstanciava, esses cheiros dos ciclos femininos deixavam um rastro demasiadamente visceral no ar. Esses cheiros animalescos não só os lembravam de sua condição de bicho, como também estimulavam pulsões eróticas, orgásticas e prazerosas. Assim, tais aromas deveriam ser calados junto com suas donas e o farejamento foi silenciando concomitantemente com os processos de vigília a elas impostos.

O novo formato do feminino enclausurado contribuiu para enfraquecer ainda mais o elo que o indivíduo mantinha com a natureza e com o bem-estar do seu corpo, emoções e independência. O humano vai se tornando cada vez mais rígido, hierarquizado e castrado, afastando-se de uma sociedade matriarcal pré-revolução neolítica, na qual o indivíduo não estava na natureza, mas fazia parte dela e poderia viver suas pulsões e experimentar-se.

Nas culturas de coleta não se trabalhava sistematicamente. Por isso, os controles eram frouxos e podia se viver mais prazerosamente. Quando o homem começa a dominar a natureza, ele começa a se separar dessa mesma natureza na qual vivia imerso até então (MURANO, 2015 *apud* KRAMER, 2015, p. 51).

Longe de afirmar que se o sistema patriarcal não tivesse se instalado as sociedades seriam perfeitas. Mas, se tivesse seguido outros rumos, mais orgânicos, se não tivesse trancafiado as mulheres e, paulatinamente, todos os outros, em castrações, as sociedades atuais teriam se estabelecido de forma mais sustentável.

O ciclo menstrual

Neste ponto, é importante retornar à simbologia do sangue. Em uma sociedade que, desde a Revolução Neolítica, começou a se desenhar como bélica e a se deflagrar como rígida, inflexível, acessória e utilitarista, em contraposição à flexibilidade e organicidade do sistema matriarcal, o sangue se tornou símbolo de disputas e será diversas vezes ressignificado, ou apresentado socialmente em conceitos sobrepostos.

Estudos arqueológicos como o da pesquisadora Riane Eisler (2008) apontam para a utilização do ocre vermelho. As representações do culto ao sangue menstrual eram evidentes nas sociedades europeias pré-revolução neolítica. Acrescido a isso, as descobertas de pequenas estátuas[52] femininas, desde o final do século XIX, interpretadas por parte da historiografia como representações para cultos dos ciclos gestacionais, menstruais ou como objetos dedicados do prazer feminino. Uma

---

52   A mais famosa delas é a "Vênus de Willendorf", que, estima-se, tenha sido esculpida entre 28.000 e 25.000 a.C., encontrada em 1908 em Willendorf, Áustria.

delas, a Vênus de Laussel, encontrada em 1909 em Laussel, França, com datação suposta em 22.000 a.C., é representada segurando um chifre escarificado com treze linhas, representando os treze ciclos menstruais anual junto aos ciclos lunares.

Nesse período, a ausência da menstruação significava gravidez. Dessa forma, o indivíduo entendia a concepção menstruação-gestação como algo sagrado. O sangue menstrual, como um ciclo divino e orgânico da natureza e, por isso, venerado. Lembrando que a menstruação era cultuada não só nas sociedades pré-históricas europeias, como também era (e ainda é) em algumas sociedades tradicionais, como o já citado povo Himba. Com o avanço da Revolução Neolítica e as novas formas de interação com os ciclos naturais cada vez mais enfraquecidos, o ciclo menstrual, por simbolizar o poderio feminino, passou a ter a autoridade desmitificada, até se chegar ao sangue de Cristo. Houve uma inversão da sacralização do sangue. Ele passou a ser cultuado como divino vindo de um masculino, ao passo que o sangue feminino ficou visto como algo impuro, bem como todos os fluídos corpóreos dos seres humanos.

Isso ocorreu não apenas para desviar o sagrado do corpo feminino para um espiritual masculino, mas também porque o sangue humano não poderia ser mais reverenciado por consequências do seu derramamento nas guerras por territórios, por pilhagens e pelas cruzadas. Desde a Revolução Agrária, o homem precisou dominar espaços, formando as cruzadas na Idade Média. Assim, se antes o potencial bélico se formava por uma questão de alimentação, agora ele se estruturava em nome de um Deus, o único que não poderia ter o sangue derramado.

Rememorando o que diz o livro de Riane Eisler, *O cálice e a espada* (2008, orig. 1984), o sangue era sagrado e transbordava de um cálice (útero) trazendo a vida. A partir da Revolução, o sangue deixou de ser sagrado e foi maculado pela espada. Assim, o ciclo menstrual passou a reles fluido corporal.

> É no alvorecer de um tempo em que se instala, no Ocidente pelo menos, uma religião oficial e uma nova ordem — o cristianismo — que se materializa a repugnância em relação aos fluidos corporais: o esperma e o sangue. (...) A transgressão da proibição eclesiástica feita aos esposos de copular durante o período da menstruação teria por consequência o nascimento de crianças com lepra. (...) O esperma também é nódoa. A sexualidade, associada a partir do século XII ao tabu do sangue, e assim o ápice da depreciação corporal. (...) O sangue puro de Cristo é mantido a distância do sangue impuro do homem (LE GOFF, 2011, p. 38, 40).

Analisando diretamente o olfato nessa questão do prazer, a psicanálise freudiana avalia que o olfato silenciado acarreta neuroses nas pulsões sexuais. Nas palavras da psicóloga Cristiane Abud, que estudou os distúrbios psíquicos a partir dos cheiros em relação à sexualidade:

> Freud parte daquilo que é animal no homem, o olfato e sua relação inicial com a sexualidade. (...) Recalcada e insatisfeita, a pulsão parcial olfativa pode manifestar-se através de sintomas. (...) Nos quadros perversos Freud ressalta a importância do prazer coprofílico de cheirar como determinante da escolha de fetiches. Pés e cabelos são os fetiches mais frequentemente encontrados, pois são fontes de forte odor (Freud, 1905). Sintomas somáticos relacionados à região olfativa são muito frequentes. (...) Finalmente, um destino possível para a pulsão olfativa, impossibilitada de "produzir satisfação completa quando submetida às exigências da civilização" é

tornar-se "fonte de nobres realizações culturais determinadas pela sublimação" (ABUD, 2009, p. 22).

À vista disso, reitera-se que a vigília do prazer alterou o olfato (no caso, o recalcando), pois ele modificou a configuração das possibilidades de sentir prazer e o próprio poder pessoal. Foi uma via de mão dupla. O olfato, materializado pelo nariz, teria agora seu órgão estigmatizado como um símbolo de demarcação social, ora assemelhado com o falo masculino, ora utilizado para estabelecer padrões sobre mulheres identificadas como santas ou bruxas. Os jargões ligados ao olfato, em variadas línguas e culturas, mostram como ele sempre esteve presente demarcando e desmascarando pulsões adormecidas.

"Nariz de bruxa"

> Às vezes, colocam uma imagem de cera ou alguma substância aromática debaixo da toalha do altar, para depois colocá-las sob a soleira da porta, a fim de que a pessoa a quem se destina seja enfeitiçada ao passar por ali (KRAMER, 2015, orig. 1487, p. 1.481).

Em alemão, "Wenn die Ohrenzu, die Augengeschlossen, der Mundgehalten, riechtdoch die Nase, wie' stinkt" significa "quando as orelhas, os olhos e boca estão fechados, é o nariz que sente o fedor", ou seja, o nariz pode sinalizar que há algo errado. Ainda, "ichhabe die Nasevoll" significa "estou com nariz cheio", no sentido de "não tenho mais paciência para isso". "Gemalte Blumenriechennicht" seria "flores pintadas não têm cheiro", ou seja, algo soa falso ou não é confiável. Em espanhol, "no hay error com ese olor", que significa "esse cheiro não está errado", ou que se tem a certeza sobre algo. Muitas são as expressões em variadas línguas que demarcam olfato como intuição, assim como muitas são também as lendas, contos de fadas, piadas e anedotas eróticas que utilizam o nariz como demarcação de algo que não se pode ser dito ou que simboliza uma figura que deve ser evitada.

Nos contos de fada analisados pela psicanalista e pupila direta de Carl Jung, Marie-Louise Von Franz (1915), lê-se a história eslava de conto de fadas da Baba Yaga. Trata-se de uma sábia senhora que vive na floresta. Ela mora em uma casa que se move sozinha com patas de galinha. As maçanetas da casa são bocas com dentes pontiagudos e só se entra lá com a permissão de Baba Yaga; se não for assim, a mão do invasor é devorada. Conta a lenda que ela comia as crianças perdidas na floresta (VON FRANZ, 1990, p. 216).

É muito comum nos contos de fada pessoas sábias devorarem outras e que os devorados sejam crianças. Essa é uma metáfora para dizer que pessoas sábias devoram outras, menos sábias (com espírito infantil), intelectualmente e intuitivamente. E Baba Yaga é muito intuitiva e tem um enorme nariz, que demonstra sua intuição e sabedoria. Dentro de sua casa, ela tem um caldeirão. No estudo dos símbolos junguianos, o caldeirão representa as emoções. Em toda história em que aparece uma mulher sábia, há um caldeirão, e ela, geralmente, é representada por um nariz enorme ou que se move. O nariz é a flecha da intuição que leva até a sabedoria instintiva. Na passagem de um dos contos, Franz descreve um czar que vai visitar Baba Yaga. Conta a autora: "No caminho vai três vezes à casa de Baba Yaga. É uma casa rotativa, apoiada sobre pés de galinha (...). Dentro, ele encontra uma grande Baba Yaga remexendo o fogo com o **nariz**[53] (...)" (VON FRANZ, 1990, p. 216).

É interessante notar que Baba Yaga não é apenas uma sábia senhora que tem um caldeirão, ela o mexe com o nariz, isto é, com a intuição. É uma mulher farejadora que vive isolada na floresta, como um animal, e seu nariz (intuição) é tão poderoso que mexe o caldeirão (as emoções)

---

53 Grifo meu.

com ele. Posteriormente, figuras de mulheres sábias e intuitivas serão transportadas e ressignificadas nas bruxas nos contos de fadas modernos, como os da Disney. Essas representações irão conceituar a mulher sábia, moradora das florestas e, portanto, em total comunhão com a natureza, conhecedora das ervas e detentora de grande intelecto intuitivo, como uma mulher má.

Nos contos adaptados da Disney, a mulher farejadora — no caso, as senhoras que viviam na natureza, sabiam curar, mexiam caldeirões ou voavam em boiões — sofreu uma releitura que incutiu a figura da mulher má, que ainda ataca uma outra mulher, a saber, a boazinha, instigando a rivalidade e dicotomia entre os diferentes femininos. Repercute e repete, dessa forma, o que a Idade Média fez com as campesinas erveiras. A bruxa é sempre nariguda ou aquela que mexe o nariz e o contorce, como um animal a farejar algo.

Nariz, um libertino

Nariz grande é sinal de sabedoria, tornou-se um símbolo metafórico para alguém que tem faro, boa intuição e instinto. Mas, se para a mulher ficou estabelecido que ter nariz grande seria esteticamente feio (a mulher que fareja representa perigo e, portanto, é colocada na masmorra como bruxa e feia), para os homens um nariz grande significa que ele é um bom protetor.[54] A mistificação de proteção masculina está ligada ao falo, uma ideia biológica e animalesca de que o macho alfa, o dominador sexual, provavelmente tem um bom faro para proteger sua prole, caçar e alimentar sua manada.

Franz escreve sobre outro conto de fadas. O caso de um rei que não tinha nariz e, por isso, não arrumava uma princesa para casar-se.

---

54 Vide a descrição do escritor Cyrano de Bergerac, retratado na peça escrita por Edmond Rostand, de 1897, como um valente duelista de nariz avantajado, uma representação fálica do poder de sua espada. *Conf.* ROSTAND, Edmond. *Cyrano de Bergerac*. São Paulo: Abril Cultural, 1976.

O conto era comum e se repetia na Itália, Espanha, Rússia e Escandinávia. Nesse caso, o problema da ausência de nariz não passava por estética, mas por falta de poder.

> O rei é incompleto porque não tem nariz e por isso a princesa não se interessa por ele. O nariz é o órgão com o qual se cheira e, portanto, tem muito a ver com a função da intuição. (...) Pode-se, portanto, dizer que o rei perdeu sua intuição instintiva, pois ele já não consegue farejar instintivamente o que convém fazer. (...) Portanto, se o rei não tem nariz é porque perdeu sua capacidade natural de distinguir fatos e por isso cai nas armadilhas destrutivas [de seus inimigos], não percebendo que a coisa "não cheirava bem". Além disso, ele perdeu sua amada princesa e é evidentemente incapaz de encontrá-la por si mesmo (VON FRANZ, 1990, p. 69).

Para ser rei é preciso ter um bom nariz, para ter poder é preciso ter faro e para se conseguir a atenção de uma fêmea, no sentido sexual, é necessário que o nariz (o olfato) seja grande para oferecer proteção e completude para a mesma. É por essa associação que, em muitas culturas, um nariz grande significa um falo grande, não no sentido quantitativo, mas que o macho em questão será um bom protetor, terá um bom faro e, dessa forma, oferecerá segurança e demonstrará poder. Já nas mulheres essa capacidade é depreciada e incentivada a ser mascarada, pois a "mulher é um ser frágil".

Como veremos no jornal *O Rio Nu*, foram encontrados alguns fragmentos interessantes sobre o nariz masculino e o falo. Um deles está transcrito a seguir e mostra como o órgão olfativo recebe conotações sexuais. Na passagem, lê-se: "O Leonardo vae metter O Nariz nas conferências. Neste assumpto o Leonardo pôde desenvolver a lingua fazendo o nariz fuçar por toda a parte. Si a lingua o ajudar (e é provável que tal aconteça) podemos já garantir que O nariz do Leonardo vae ter a cheirar as mais cubiçadas bocetas ... de ouro."

O Rio Nu, por ser um jornal de gênero alegre e humorístico, estava sempre a ironizar algum político, alguma figura pública ou as normas e condutas cotidianas. Na década de 1900 era muito comum na cidade do Rio de Janeiro o hábito de cheirar rapé, a fim de evitar doenças. O rapé[55] era guardado dentro das bocetas, pequenas caixas carregadas nos bolsos. O uso do rapé (o ato de cheirar) e o nome dessas caixas davam margem para fazer associações entre o nariz e o órgão sexual masculino. As passagens com rapé e o ato de cheirar sempre são usadas com o sentido de falo e, por muitas vezes, o nariz masculino serve como uma espécie de extensor do falo ou de outro qualquer órgão que possa ter uma manifestação sexual. Algo dessa natureza, o nariz ou olfato sendo utilizados ou verbalizados, escritos que não dentro dos trâmites de saúde e higiene, em absoluto não seria encontrado, senão em um periódico que escrevia sobre erotismo.

Ela "não é flor que se cheire"

Tais mulheres são mau cheiros na escala olfativa do valor feminino. Assim, a palavra espanhola e portuguesa para inglês *whore*, "puta", a par do francês *putain*, são derivadas do latim para apodrecido, pútrido. As donzelas, inocentes e dóceis, por outro lado, são naturalmente flagrantes e não devem cheirar a nada

---

55 O rapé (do francês *râper*, "raspar") é o tabaco (ou fumo). O hábito de consumir rapé era bastante difundido no Brasil até o início do século XX. Era visto de maneiras contraditórias: às vezes como hábito elegante, às vezes como vício. E compreende a uma medicina indígena apropriada e renomeada pelo olhar estrangeiro, assim como a palavra francesa *cocar* para denominar os sagrados diademas indígenas.

mais forte do que aroma de flores a que estão associadas (CLASSEN, 1996, p. 174).

Estabeleceu-se que o nariz de uma mulher deve ser franzino para se acoplar às vigílias e às castrações, dando a entender que suas paixões e pulsões, seu farejar, estavam controlados. Além de um nariz diminuto, simbolizando uma fêmea silenciada e que sabe seu lugar, seu perfume também deveria ser floral, lembrando a pureza juvenil e virginal das flores. Resulta que ao feminino cabe, basicamente, em dois lugares no mundo dos aromas: o de cheiro de prostituta ou o leve e puro floral das senhoras direitas. No que Classen (1996) nomeia de "estereótipos olfativos de mulheres", há o cheiro das putas, às quais é atribuído o mau cheiro (...) indicativo da sordidez das condições em que elas frequentemente exerciam seu trabalho e do seu baixíssimo status social" (CLASSEN, 1996, p.46) e os cheiros delicados das damas.

Classen analisa que esses estereótipos já estavam presentes na mitologia grega. Ela cita o caso das Hárpias, por exemplo, "mulheres-pássaros que lançam excrementos desde o alto, como modelos muito convincentes de feminilidade repelente, que ainda hoje são usados para caracterizar mulheres de 'mau gênio'" (CLASSEN, 1996, p. 47). Mulheres-pássaros são muito comuns em contos de fadas e em mitologias. Muitas deusas apresentam asas (como a deusa babilônica Isthar) ou são acompanhadas por uma ave (Atena). Marie Louise Von Franz (1990, orig. 1915) narra contos de personagens sábias que viviam com gralhas, corvos e outros pássaros considerados de mau agouro. Basta lembrar que a casa de Baba Yaga tem patas de galinha que andam e ciscam. Aves apresentam um longo bico assemelhado a um grande nariz, provavelmente houve uma consonância entre elas e as mulheres sábias. Outro animal de poder é a serpente, também sempre presente como guardiãs das deusas, quando não são as próprias. Apesar de não terem um bico similar ao nariz, apresentam um faro elevado e um corpo sinuoso como, o das mulheres.

No entanto, desde a Antiguidade Grega, a essência da mulher era tida sempre como fétida. Fato que estava relacionado à simbólica ligação entre a mulher e a lua (CLASSEN, 1996, p. 47). A mulher seria fria e úmida, como a lua, enquanto o homem, ligado ao sol, era seco e quente. A lua não emite calor e é úmida (assim como o ciclo menstrual). Galeno utilizou essas classificações para

> (...) caracterizar os odores como quentes, frios, secos ou úmidos. Essas qualidades (...) constituíam os pilares sensoriais básicos do cosmo. De acordo com esse sistema, os cheiros doces e aromáticos estavam associados às características de quente e seco, e os cheiros fétidos às de frio e úmido. (...) O Sol quente estava associado à fragrância e a lua fria à pestilência (CLASSEN, 1996, p. 59).

Mulheres fétidas tinham forte ligação com a lua. Não é à toa que a figura da bruxa é ligada ao satélite. Úmidas e frias, tinham os corpos dados à pestilência, ao mau agouro, e se utilizavam de ervas aromáticas e magias com perfumes para seduzir e atrair suas vítimas até o Diabo por meio do sexo. No *Malleus Maleficarum*, passagens apontam como uma bruxa pode atrair a vítima pelos aromas:

> O motivo da vontade se encontra no que é percebido, ora pelos sentidos, ora pelo intelecto, ambos subordinados aos poderes do Diabo. Pois nos diz Santo Agostinho, no 83º livro: "Este mal, que provém do Diabo, adentra-nos furtivamente por todas as portas dos sentidos: (...) reside nos perfumes — a impregnando com sabores e obstruindo com certos aromas todos os canais do entendimento." Logo, vê-se que reside no poder do Diabo o princípio influenciador da vontade,

que é, diretamente, a causa do pecado (KRAMER, 2015, orig. 1487, p. 579).

Classen apresenta uma lei inglesa datada de 1770, na qual consta a deliberação de uma ação penal contra quaisquer mulheres que cometessem delitos para ludibriar os homens. Transcreve a lei:

> Que todas as mulheres, de qualquer idade, classe social, profissão ou grau (...) que a partir da presente lei impuserem, seduzirem e induzirem ao matrimônio quaisquer súditos de Sua Majestade pelo uso de **perfumes**,[56] pinturas e outros artifícios cosméticos... incorrerão nas penas da lei que hoje vigoram contra a feitiçaria[57] (CLASSEN, 1996, p. 175).

Este capítulo termina concluindo que, desde a Antiguidade tardia clássica, no que compreende o mundo greco-romano, a mulher não era flor que se cheirasse. Mesmo as mais abastadas, por serem filhas da lua, frias e úmidas, exalavam algo que não cheirava bem para um processo que se pretendia seco, rígido e castrador. Essa sociedade desconhecia os dados científicos que comprovam que as mulheres apresentam mais neurônios olfativos que os homens, mas já percebiam que elas farejavam mais. E que seus corpos tinham ciclos (menstrual e gestacional) que eram animalescos em demasia para os homens, assim como seus conhecimentos orgânicos e integrados com a natureza eram potentes demais.

Perigosas, não só por seus cheiros corporais nefastos, mas também por seus perfumes e o uso mágico que faziam dos aromas das ervas, as mulheres representavam ameaça. As silenciaram e as controlaram por meio da culpabilização do gozo e do prazer. Foram quatro séculos de

---

56 Grifo meu.
57 *Conf.* C. J. S.. *The Mystery and Lure of Perfume*. Londres: The Bodley Head, 1927, p. 1.551.

perseguição às mulheres, o período de "caça às bruxas" perdurou do "século XIV até meados do século XVIII", pelo menos "oitenta e cinco por cento" das vítimas da inquisição foram mulheres (MURARO, 2015 *apud* KRAMER, 2015, p. 75).

O cheiro não fala somente sobre aromas, talvez para todos os animais, sim, mas para os humanos os odores fazem parte da construção social que foi bem severa com as mulheres e com as paixões humanas. Um mundo dividido entre cheiro sujo ou limpo, perfumes de camélias ou rosas, *putains* ou nobres damas.

Mas todas as mulheres, de alguma forma, foram trancadas junto a seus olfatos na masmorra da vigília. No entanto, decerto, para todo conflito existe uma negociação. Se as mulheres não podiam gozar e seus corpos não deveriam exalar seus odores, haveria uma forma *outsider* das pulsões sobreviverem. Afinal, o corpo deseja festa, ele precisa viver, e os cheiros, etéreos e sublimados, conseguem sair por quaisquer frestas. Assim se chegou ao jornal *O Rio Nu*, que se tornou a principal fonte desta pesquisa. Nele não foram encontrados apenas homens, topou-se com narizes femininos, meio escondidos nas entrelinhas, mas sobrevivendo. Mulheres subversivas conseguiram meter o nariz em um jornal voltado ao público masculino, como será visto a seguir.

4.
"Bem debaixo do meu nariz"

Eu gosto de catar o mínimo e o escondido. Onde ninguém mete o nariz, aí entra o meu, com a curiosidade estreita e aguda que descobre o encoberto (Machado de Assis, 1878).

Pesquisar sobre cheiros quando não se trata de perfumes é tarefa árdua. Aos cheiros não é permitido viver, eles sempre estão à espreita dos locais públicos: comprime-se a flatulência, aplica-se desodorante nas axilas, borrifa-se perfume, coloca-se álcool em gel, utiliza-se de lenço umedecido, de spray de banheiro, de maquiagens perfumadas. Nenhum cheiro de corpo jamais pode levianamente surgir "aos olhos" dos civilizados.

Encontrar fontes que discutissem publicamente sobre cheiro de corpo, escatológico, visceral e emocional foi um longo caminho, pois ele, nessas categorias não perfumadas, é exalado travestido de discursos médicos. Dessa forma, com a própria fonte já domesticada, não era possível descortinar o objeto (o cheiro) por si, pronunciando-se em primeira pessoa, sendo ele mesmo, pois estava incessantemente impregnado ou por um discurso médico *clean*, proveniente de uma medicina que se propunha civilizar, limpar, sanear não só os corpos, mas as mentes de toda a sociedade, ou adocicado pelos perfumes das damas aceitas e dos "cidadãos de bem", civilizados, limpos e brancos.

Adocicado é um bom adjetivo para perfumes "do bem". A mulher bondosa, de família e casada com o "cidadão de bem" deve exalar docilidade. Os perfumes das senhoras direitas evaporam rosas, ao passo que o homem direito não utiliza muito perfume, pois um sabonete de alfazema ou sem cheiro é o suficiente. Mais que isso pode desviar a sua virilidade. Toucador é coisa de mulher, mas limpeza é para todos os que são de bem. Quem não limpa o próprio corpo dentro das normas e não exala aromas aceitáveis socialmente não é considerado limpo, mas sim impuro, amoral, grotesco e perturbador da ordem. Mas que ordem?

As mulheres negras exalando seus cheiros da erva macassá,[58] o povo do cortiço cheirando a sabão da costa com suas roupas que secavam

---

58 O macassá (*Aeollanthus suaveolens*) é um arbusto perfumado, originário da África. Também é chamado de macaca ou catinga-de-mulata.

estendidas pegando sol nas muretas e exalando uma mistura característica da pobreza, os estivadores com cheiro de suor da labuta. As camélias do Arco do Teles com seus perfumes ultrajantes misturados com sabão da costa, a aromas de cravo, canela e arruda, o tal "cheiro de macumba" vindo dos terreiros e das casas afro-religiosas representavam cenas amorais e cheiros aterrorizadores aos narizes do "cidadão puro" domesticado pela indústria do sintético.

No entanto, negar o cheiro de sabão da costa, de camélia, e do macassá e de cravo com arruda é renegar toda uma grande parcela da população: não branca, não católica, moradora de morro, periferias e cortiços, enfim, fora dos contratos sociais de civilidade. Não apenas renegar os cheiros habituais desse cotidiano *outsider* urbano, suas formas, práticas, hábitos e saberes, mas considerar a diferença como contorno de incivilidade, sujeira e inferioridade.

Dentro do corte cronológico sugerido, foram analisados jornais da época, dos quais dois foram selecionados para profunda análise, porque seus gêneros literários, sobretudo do humor e da pornografia, bem como o tipo de leitores que reuniam, permitem estabelecer diálogos entre ambos.

O corpo em festa

Antes de adentrar no garimpo historiográfico dos jornais, é importante expor o longo caminho da escolha da principal fonte desta pesquisa: os jornais de gênero pornográfico ou erótico. Inicialmente, além de uma breve passagem pelos almanaques de medicina, que já foram bem explorados pela historiografia, a pesquisa propunha analisar o objeto em periódicos da época voltados para a família e para as senhoras, com a finalidade de analisar como os cheiros apareciam e se as concepções e os ideais civilizatórios e institucionais utilizavam o olfato como marcador de segmentação social. Assim, inicialmente, ficou entendido que até mesmo o não aparecimento do assunto nesses periódicos já era um demarcador de distinção. Somado a isso, nos almanaques e nos tratados de medicina voltados ao público em geral, já era conhecido o discurso de limpeza e higienização que dava contorno ao processo civilizacional da época sobre os corpos.

No entanto, há um ditado entre os historiadores que diz "as fontes falam por si, não tente domá-las". A descrição dos cheiros presentes nos jornais voltados para as damas, senhoras e famílias só exalava um aroma adocicado de perfume e nada mais do que isso. Neles, os cheiros não ganhavam voz para que pudessem se manifestar livremente daquelas centenas de páginas que apresentavam décadas de silenciamento dos narizes.

Por um período, pensou-se que esta pesquisa não era sustentável por falta de fontes primárias em relação ao cheiro. Afinal, toda fonte encontrada era, de um lado, cheiros como perfume, de outro, cheiro como um local imundo que deveria ser higienizado. Esses dois grupos, por si, já seriam material necessário para o objetivo central da tese, quer dizer, o silenciamento dos cheiros e a domesticação do olfato no Brasil, alinhados a outros trabalhos acadêmicos já apresentados.[59] Porém, faltava preencher uma lacuna, pois não era de interesse apenas provar que o olfato havia sido silenciado e o porquê, mas havia a necessidade de farejar onde o objeto havia se escondido. Em algum lugar ele deveria estar, em algum local ele teria voz, gritaria e estaria vivo.

O nariz aparecendo com conotação intuitiva era fato comum em *O Rio Nu*. O olfato aparecendo de forma lúdica ou erótica (prazerosa) dá o tom de como esse sentido era percebido de forma não higienizada ou perfumada, mostrando a perduração de sua condição inconsciente animalesca. Para o leitor, ao acompanhar o texto, pode parecer óbvio,

---

[59] Elizabeth Kobayashi, por exemplo, apresentou os cheiros, estritamente, na questão da industrialização e saúde na primeira metade do século XX.

mas não foi fácil chegar às relações entre o cheiro e o lúdico/sexo e isso só evidenciou o quanto o corpo está escondido. A mecanização e a domesticação desse sentido é algo que transpassa a sociedade, o que faz com que o indivíduo esqueça seu corpo, mesmo utilizando seus sentidos todo o tempo, como vimos nos capítulos 1 e 2.

Mesmo quando o corpo escarra, solta gases, defeca, grita, sente dor e tem prazer, ele é esquecido. O ser que o habita emudece o que sente, pois o processo civilizador fez o corpo olhar as próprias paixões de fora, como um espectador do próprio corpo, conforme analisado no capítulo 1 (DELEUZE, 1997). O corpo se movimenta, mecanicamente, mas as emoções não podem interagir. E quando são sentidas, escondem-se facilmente ou dissimulam-se por meio de outras palavras menos escatológicas, que, só de serem pronunciadas, incomodam e envergonham.

É fácil esquecer que o olfato não é apenas o nariz ou um pedaço da máquina biológica, e se não fosse O cortiço, de Aluísio de Azevedo, e a frase de Galeano ("o corpo diz: eu sou uma festa"), talvez tivesse passado despercebido a evidência de que o olfato faz parte do sentir e, justamente por isso, estaria vivendo em lugares censurados. Não à toa, ele esteve guardado em periódicos e outras fontes do submundo, aquelas que não ficam expostas a olho nu, como micróbios e bactérias que só podem ser visualizadas com microscópios perspicazes.

Silenciosamente, passando despercebido pela visão e pelos ouvidos, o olfato teria na pornografia o seu maior aliado. E lá estava ele, se permitindo exalar de todas as formas, nos folhetins e periódicos eróticos e de "gênero alegre". Finalmente, o objeto foi encontrado não só em autores da época e seus romances que retratavam o cotidiano de vivências *outsiders*, mas também em fontes primárias que não queriam os perfumes das senhoras ou dos bons hábitos higiênicos das famílias de bem, mas que buscavam o corpo sendo corpo, sexo e prazer.

De fato, esse tipo de fonte também apresentou moralismos, racismo, eugenia e machismo, como será exposto doravante. No entanto, foi interessante notar essa passagem de visões civilizatórias entre o profano e o limpo — e o sujo e o sagrado —, como esses dois lugares se cruzavam e de que modo seus diálogos silenciosos contribuíram para fomentar e estabilizar ideias classistas a partir das pulsões e sensorialidades dos corpos.

Para além de entender que quaisquer fontes da época estariam carregadas de ideologias positivistas, o primordial foi descortinar que jornais desse gênero, guardados os anacronismos e devidas proporções, enfrentavam ou, no mínimo, como forma de insubordinação, debochavam dos movimentos idealistas morais da época e utilizavam os cheiros e o nariz como formas de subversão.

Farejando as fontes

Inicialmente, foram apreciadas as seguintes fontes, no período entre 1870 a 1940, alocadas na Fundação Biblioteca Nacional do Rio de Janeiro:

- Jornais de senhoras e das famílias, revistas femininas e de noivas.
- Almanaques de medicina para o público popular.
- Periódicos de "gênero alegre", "galantes", nomes dados a jornais com conteúdo pornográfico

Como fonte secundária e tendo partes do romance perpassado por toda esta pesquisa, *O cortiço*, de Aluísio de Azevedo, de 1890. Esse livro foi a obra escolhida como fonte secundária para esta pesquisa, e não *O mulato*, considerada a sua primeira obra naturalista e que casa com o ano de início do corte cronológico desta pesquisa, 1870. Como explica Laura Camila Cruz (2006), ocorre que, justamente por *O mulato* ser sua primeira obra de estilo naturalista, ela é considerada defeituosa pelos críticos, pois apresenta uma escrita híbrida e de transição, ainda marcada com traços do romantismo que persistia no Brasil em meados do século XIX. Já *O cortiço*, última escrita naturalista do autor, é considerada a obra-prima nacional do estilo (CRUZ, 1998, p. 237).

Escolha da fonte primária

Após averiguações e análise do objeto, a principal fonte primária torna-se o periódico carioca de gênero alegre: *O Rio Nu* (1898-1916), com coleção completa resguardada na Fundação Biblioteca Nacional do Rio de Janeiro. As fontes primárias foram agrupadas nas seguintes categorias:

GÊNERO COMÉDIA E IRREVERÊNCIA, SEM CONTEÚDO PORNOGRÁFICO
- *O Mosquito*
- *O Cheiroso*
- *O Espelho*
- *A Cigarra*
- *O Mequetrefe* (1875-1892)

GÊNERO SENHORAS E FAMÍLIA
- *Jornal das Senhoras* (1852-1855)
- Biblioteca das Famílias (1874)
- A Estação: *Jornal Illustrado para a família* (1879-1904)
- Almanaques de medicina voltados para o público popular
- Almanaque O *Pharol da Medicina*

MANUAL DE ETIQUETAS
- *Código de Bom Tom*, de J. I. Roquette (1845), Portugal. Este, por ser de período anterior ao corte cronológico, foi utilizado apenas como observação, visto que posteriormente deu base para escrita de outros códigos no Brasil.

A metodologia e a análise das fontes seguiram os rastros de palavras e termos relativas aos cheiros. Primeiramente, foi feito um mapeamento completo por termos nas fontes citadas. No intercurso dessa metodologia com palavras-chaves iniciais, a análise das fontes acabou por indicar outros fluxos. Como se diz na cátedra de história, "as fontes falam por si só," não é possível calá-las. As fontes pesquisadas inicialmente não apontaram o cheiro em si, mas sua ausência ou sua total transformação em perfume civilizado, isso, por si só, já comprovaria a tese de que os cheiros, a partir de então civilizados e silenciados, teriam modificado a concepção olfativa dos brasileiros e a forma como eles percebiam, identificavam e cuidavam do próprio corpo, questão explorada no capítulo 3.

As próprias fontes demonstraram que algumas das palavras e termos iniciais pensados para a pesquisa não seriam encontrados e que, talvez, eles estivessem escritos de outra forma, mais civilizada, sufocada. Assim, a lista de palavras foi sendo desenvolvida conforme as fontes revelavam por quem haviam sido escritas e para quem, e, diante disso, como os cheiros apareceriam. E, conforme eles exalavam das páginas, revelavam outras questões, clareavam tipos de condutas, normas e códigos que formavam e ainda formam a estrutura de nossa sociedade. Aqui utiliza-se a palavra clarear já como demarcadora do racismo, uma das questões mais profundas encontradas quando o assunto é cheiro e formação da sociedade brasileira.

"Cheiro de neguinha", "catinga de mulata" e "cheiro de Inhaca"[60] são demarcadores de raça desenhados a partir do sentido olfativo muito comuns nos periódicos de gênero alegre. Termos ainda ouvidos com facilidade atualmente e que têm uma característica de inferiorização e sexualização do corpo negro, porém, no sexo, com sentido de sujo, vil e vergonhoso. É realmente plausível notar como o sentido mais inferiorizado é o que, justamente por ser silencioso e não visível, dá os contornos para aquilo que todos sabem que é errado fazer, mas que, para criar a tal sociedade almejável e manter padrões de subjulgamentos, é preciso ser feito: misoginia, machismo e racismo.

---

60 Inhaca é uma ilha de Maputo, Moçambique, onde vivem os Nhacas, povo Banto.

Assim, palavras e termos iniciais para mapeamentos foram pesquisadas em suas variações:
- Cheiro
- Aroma
- Odor
- Cheiroso
- Fedorento/fedido
- Olfato
- Nariz
- Bálsamo

Desdobradas nos seguintes termos:
- Perfume
- Fragrância
- Higiene
- Saúde
- Sanitarismo
- Limpeza — saneament/asseio/sanidade/pureza
- Asseio — elegância/perfeição/decência
- Decência — moralidade/recato/honestidade/honra

Desdobradas no terceiro grupo:
EDUCAÇÃO
- Progresso
- Ordem
- Etiqueta
- Bom-tom
- Ciência
- Modernidade
- Civilidade

Desdobradas no quarto grupo:
- Civilizado
- Cidadão de bem
- Família
- Limpo
- Claro
- Dama perfumada
- Mulher honesta

Em contraposição ao quarto grupo temos:
- Sujo
- Doente
- Imoral
- Incivilizado
- Mulata
- Catinga
- Catinga de mulata
- Cheiro de neguinha
- Mulher pútrida
- Cheiro de camélia

Os grupos de mapeamento foram sendo criados a partir da fala das fontes. Apenas o primeiro grupo foi desenhado antes do garimpo das mesmas e, a partir daí, o que periódicos e jornais apresentavam como termos e códigos caracterizadores do discurso civilizado. A partir desse ponto, estabeleceu-se o segundo passo da metodologia: de onde partiria, por quem e quem sofria com as palavras e os termos demarcadores olfativos diretos ou indiretos. Por exemplo, a expressão "moça direita" não estava diretamente ligada ao olfato, mas quando colocada em contraposição a "catinga de mulata", ou, ainda, "perfume *demi-monde*", há uma contraposição real de distinção de classes por meio da construção da concepção olfativa da sociedade.

Cabe dizer, uma sociedade ainda muito frágil na virada do século, deixando de ser império para se tornar uma república bestializada[61], em meio ao bombardeamento que vinha de uma Europa perfumada, enquanto o Rio de Janeiro apresentava seus cortiços ao lado da Casa Granado. Uma sociedade que abandonava o romantismo para entrar em um naturalismo higienista, mas que zombava do seu próprio ideal, deliciava-se com os quitutes da Confeitaria Colombo enquanto escrevia sobre os cheiros do "zé povinho".

O "cidadão de bem" consome pornografia

No entanto, é preciso trazer à vista que foi nas fontes primárias de viés naturalista que se encontrou o objeto (cheiro) sendo objeto. É interessante e até irônico notar que é em uma escrita extremamente cientificista e materialista, que se pretende direta, higiênica e sem rodeios, que o cheiro pôde aparecer como entidade pulsante e viva e capaz de exalar incômodos. É justamente no estilo que guarda em sua estrutura, ou seja, na visão mecanicista do homem, que também se encontrava o obscuro e o polêmico, o sensual e o erótico na análise dos comportamentos humanos. Notadamente, distante do positivismo e do darwinismo social, foi ironicamente possível sentir cheiro visceral e não domesticado pelo mundo da ordem e do progresso, floreado pelos perfumes de rosas brancas das damas.

Foi através do naturalismo que os cheiros dos cortiços, das "cabeças de porco",[62] os cheiros escatológicos, das ruas, dos corpos das moças que não podiam usar produtos finos de toucador ganharam as sensibilidades na literatura. Do outro lado da rua, para além da Casa Granado e da Confeitaria Colombo, estava o "mau cheiro", os "cheiros reais" saídos dos

---

61 Termo do historiador José Murilo de Carvalho (2012).

62 Cabeça de porco foi o maior e mais famoso cortiço da cidade do Rio de Janeiro. Chegou a ter 4 mil moradores e foi invadido pela polícia, no governo de Barata Ribeiro, em 1893. Sua localização era na rua Barão de São Félix, 154. (CHALHOUB, 1996, p. 15).

cortiços, das camélias do Arco do Teles, das roupas quaradas por Bertolezas e das histórias cotidianas das ruas traçadas sensorialmente por *flâneurs*. E é nessa divisão e mistura simultânea que as narrativas de caráter realista e naturalista chegaram ao Brasil, em um momento, como vimos, em que a civilidade também tecia sua presença e se afirmava como ideal.

E, para não se deixar enganar, com o passar das análises das fontes de "gênero alegre", percebe-se que o nariz também não podia fazer seu trabalho livremente. Até mesmo no *underground*, bem no meio de um dia chuvoso, com o Arco do Teles empoçado de lama. À sombra do "cidadão de bem", esse gênero chegava demarcando como um macho deveria se comportar, afirmando que homoafetividade era proibida, que asseios higiênicos deveriam ser mantidos ao fim do encontro com uma mulata ou camélia e que alguns perfumes deveriam ser evitados ao voltar para o grupo de homens e mulheres limpos e civilizados. A incivilidade poderia existir, desde que o nariz se mantivesse para baixo, escondido e não se metendo onde quisesse.

Entretanto, se o nariz e os outros sentidos estão a serviço de uma forma de institucionalização do corpo, quando, de fato, ele serve ao corpo? Não no sentido de servir como um subalterno ou empregado, mas no sentido do sentir? Até a conclusão do que será exposto aqui, e junto às fontes, talvez se perceba que o homem moderno não habita o próprio corpo e muito menos os seus sentidos. Desde a infância nosso sentir é treinado para servir a algo, e até onde pensamos ter algum grau de liberdade, como no sexo ou nas escatologias do corpo, ainda estamos repetindo um modelo panóptico.

O único lugar que parecia ser passível de, não só o olfato, como também os outros quatro sentidos, poderem vir à tona, também se encontrava afetado não só por controle, mas servia como escape emocional de uma sociedade que precisava parecer perfeita. Talvez seja por isso que o erotismo se desliga do prazer pelo prazer e, em um processo de longa duração, passe a ser uma pornografia violenta e agressiva, já que as emoções foram vexatoriamente proibidas. E, como válvula de escape, elas aparecem sem respeito, desenfreadas, como demonstração de força e poder pela inferiorização do outro.

Contextualizando O Rio Nu

O Rio Nu circulou de 1898 a 1916. Publicado pela primeira vez em 13 de maio de 1898, foi um jornal de pornografia e "gênero alegre", que pode ser visto como uma expressão do movimento naturalista no Rio de Janeiro. Ficou conhecido na capital que o fundou, mas também em outras regiões menores do país, pois tinha um canal de assinaturas e era entregue via Correios. A implantação da república em 1889 teve a cidade do Rio de Janeiro como sua capital, e era previsível que o estilo naturalista desse o contorno do positivismo que se instalava nas estruturas do país.

Segundo o *Gazeta da Tarde*, de 13 de maio de 1898,[63] os redatores do novo periódico faziam parte da boêmia literária, o que traz novamente a figura do *flâneur*, ou seja, como foi visto nos capítulos anteriores, a ideia do positivismo, visto que o *flâneur* é um produto social dessa corrente teórica. Como será visto adiante, apesar de ter uma estrutura positivista, que era o ar da época, esse lugar não era claro aos seus próprios colunistas, que, por muitas vezes, caçoavam da doutrina no jornal.

Há poucos trabalhos acadêmicos sobre o periódico *O Rio Nu*, apesar de sua importância. Por esse dado podemos perceber como fontes ligadas ao tema sexualidade, e que adotam o tom de deboche, brincadeira e escárnio, ficam em segundo plano, seja para a academia, justamente por ser assunto tabu — mais que isso, por ser pornografia, um lugar malvisto — ou até para minorias e grupos de atuação, como o feminismo.

Ao sexo é permitido aparecer como ciências, medições e estatísticas, assim como o cheiro. Viscerais em demasia e retratos reais do "pensamento desdobrado", como vimos em Deleuze no capítulo 3, cheiro e sexo parecem temas trancafiados em celas iguais. No entanto, se fosse dado o devido prestígio aos assuntos tabus e se metesse o nariz nessas

---

63 *Conf.* Schettini, Cristiane. *O que não se vê*: corpo feminino nas páginas de um jornal malicioso. História do corpo no Brasil. São Paulo: Editora Unesp, 2011.

fontes, conseguiríamos desnudar muito mais o passado e melhorar nossa compreensão do presente. O jornal O Rio Nu foi pioneiro no gênero e incentivou a criação e circulação de outros periódicos nessa temática no país. O fato de ter perdurado por um longo período e circulado na virada de século (XIX para o XX) faz dele um material de pesquisa profundo, apresentando variadas nuances de comportamento social.

Mas não apenas de sexo vivia O Rio Nu — nele também havia sátiras políticas e sociais, como será visto adiante, assim como ironias com os hábitos de higiene, com o sanitarismo e com o ideal positivista. Ele também trazia comerciais de produtos de higiene e contra doenças venéreas, mas revelava seu tom debochado e zombeteiro aos companheiros da higiene: o moralismo, as etiquetas em excesso e as ações de alguns políticos idealistas da civilidade.

Outra questão importante é a construção acadêmica feita sobre O Rio Nu. Na escassa análise bibliográfica encontrada, é usual encontrar a fonte sendo utilizada como reforço de lugar apenas do masculino, como se as mulheres não gostassem de sexo e pornografia, ou não os consumissem. Foi uma surpresa averiguar que o periódico também se voltava ao público feminino, guardada, logicamente, as devidas proporções de permissões e costumes da época. As mulheres também queriam e conseguiam montar suas válvulas de escape, mostrando que não estavam totalmente à mercê da sociedade machista. Assim como os perfumes, elas davam seu jeito de volatilizar seus cheiros, viver suas seduções e escapar um pouco dos frascos morais nos quais foram trancafiadas.

Análise de O Rio Nu

Expondo a metodologia de mapeamento dos termos, iniciamos agora a averiguação do que foi encontrado em uma fonte de material pornográfico ligado ao objeto central: o cheiro. Diante desta exposição, foi introduzido também a metodologia de comparação com a segunda fonte, de gênero moral e bons costumes, *A Estação: Jornal Illustrado para a Família*, que circulou de 1879 a 1904. A escolha em expor as fontes dessa forma partiu da premissa de tornar a leitura e o entendimento do processo de análise mais organizado e claro.

A palavra cheiro e suas derivações — cheirar/cheirando/cheiro/cheiroso — foram encontradas no periódico *O Rio Nu* 539 vezes, mas esse número tem sua média levemente amplificada, já que o localizador de arquivo de PDF para leitura de periódicos digitalizados não consegue identificar uma palavra em todas as suas aparições. Tal questão ficou comprovada na própria leitura das fontes, quando uma palavra era descoberta em um contexto analítico bem interessante, mas, no entanto, não havia sido encontrada anteriormente no mapeamento. Dessa forma, foi necessário examinar de maneira direta todos os exemplares disponíveis na FBN.

O Rio Nu, analisado de 1898 a 1916 (período de 18 anos), tem 539 aparições para o termo cheiro. *A Estação: Jornal Illustrado para a Família*, de 1879 a 1904 (período de 25 anos), tem 24 aparições, demonstrando o quão revelador é a palavra cheiro em suas variações. O processo civilizador e de domesticação também se fez a partir da fala e palavras utilizadas. Decoro e desdobramento de uma mente e maneiras refinadas é perceptível pelo vocabulário utilizado, no que tange à forma como se fala ou se descreve os sentimentos, os sentidos e as formas de se perceber o mundo.

Como foi demonstrado no capítulo 1, a etimologia da palavra cheirar vem de bases viscerais e seus sinônimos são conectados às ações animais, como farejar ou bisbilhotar, entranha-se, intromete-se, penetra-se, instiga-se e persuade. O olfato é o sentido detentor do que está oculto, mas que é totalmente sentido. Não se sabe onde está, não se pode tocá-lo, nem escutá-lo, mas se faz presente e pressentido, e é por meio desses pontos de fuga que é intocado, a ponto da civilidade tomar cuidado, pois ele não é passível de uma domesticação direta.

O animalesco não aceita ordens, assim como as paixões entranhosas exalando libido e as escatologias do corpo. O nariz segue intrometendo-se onde não foi chamado e sendo intrometido por cheiros que surgem sem controle algum. Os cheiros fazem as vísceras pulsarem, as paixões viverem, logo, é necessário catalogá-lo de todos os locais, públicos e privados, inclusive nas páginas dos jornais e dos periódicos lidos por boas "moças recatadas" e "cidadão de bem" de famílias civilizadas.

É exatamente nesse ponto que o cheiro precisa virar perfume, no mínimo, aroma. Falar ou escrever cheiro não tem o mesmo tom que falar ou escrever aroma, muito menos perfume. Cheiro é qualquer coisa que exale, aroma melhora o aspecto e perfume é o aceitável, pois este é civilizado, camufla, esconde, dita o tom de até onde a sedução perfumada pode existir. Cheiros são crus, há "cheiro de cecê", de escatologia, de pútrido, vísceras, parto e sexo. Os cheiros não seriam dignos de estarem escritos em periódicos de gente direita e limpa. Cheiro, para a civilidade, era coisa de "neguinha", pode ser catinga, fedor e odor. O perfume é das damas, da gente clareada, podada e correta.

A metodologia quantitativa entre dois periódicos para leitores que muitas vezes eram os mesmos, apesar de peregrinarem em esferas diferentes no percurso de um dia, já que quem lia o *Jornal Illustrado* poderia também ler *O Rio Nu*, evidenciou profundamente toda a indagação de como o cheiro foi civilizado. No jornal de gênero alegre, pornografia, sexo e ironia, sarcasmo e deboche, os cheiros exalavam livremente. Por outro lado, nos jornais das famílias, os cheiros só poderiam circular, senão no formato perfume, aroma e, talvez, como cheiro/odor, quando dentro de uma explicação/contexto científico higienista alavancada por um médico, bastante comum nesses jornais.

As palavras cheiro e odor, e suas variações, até aparecem nos jornais para famílias, no entanto, sendo utilizadas para criar uma dicotomia entre cheiro de alguém não civilizado e perfume de alguém civilizado. E quem são os civilizados? Como já foi visto em capítulos anteriores, os *outsiders* eram os que apresentavam o cheiro não agradável. Não porque, de fato, seus cheiros fossem bons ou ruins, mas porque assim foi estabelecido como mais um demarcador de validação de conduta, ordem e modelo de "cidadão de bem".

A pesquisa traçou seu próprio caminho e as fontes apresentaram variados rastros formadores de moral e conduta por meio do olfato, como racismo, bom tom, eugenia e clareamento. Como também já foi analisado nos capítulos anteriores, a construção da pessoa negra, por exemplo, como inapropriada para a civilidade, a sexualização dos corpos negros e a concepção sugestionável de que pessoas de pele negra têm "cheiro forte" ou fedem contribuiu para persuadir de forma sensorial o conceito abstrato de que pessoas negras não têm ou não são passíveis de civilidade.

A dicotomia entre as palavras cheiro e perfume tem o intuito de delinear a ideia de *outsiders* e estabelecidos junto ao limpo *versus* sujo, sendo, mais uma vez, que o estabelecido apresenta não somente todas as normas e condutas para ser aceitável, como também se enquadra em um grupo dominante que criou e fomentou a própria conceituação de civilização. Conceito este etnocêntrico, partido de uma Europa branca e colonizadora. Não à toa, a ideia de cheiro como perfume foi aceita, na grande maioria dos escritos sobre o assunto, como tendo sido iniciada na Itália e na França e se firmado junto à industrialização, silenciando ou deixando totalmente no passado os cheiros utilizados como perfumaria na África, por exemplo.

"Os cheiros que convêm a uma morena não são os mesmos que parecem dever exhalar-se naturalmente dos vestidos, dos cabellos, do halito de uma loura." Esse trecho compõe a coluna "Chronica da Moda", voltada para as moças e senhoras de família, que trazia dicas de comportamento, hábitos, toucador, vestimentas e perfumes apropriados para mulheres direitas. Nesse ínterim, a industrialização da perfumaria uniu-se às convicções da moda, contribuindo também para fomentar a divisão entre grupos aceitáveis e não aceitáveis. Cabe ressaltar que essas distinções segmentadoras foram desenvolvidas e reproduzidas em várias esferas que esbarram nas sensoridades humanas, como nas cores, indumentária e formas de se alimentar. O processo civilizador se amalgamou nos usos, costumes e modos de fazer cotidianos e sensoriais na esfera do público e do privado.

Deve-se considerar, no que concerne ao sentido olfativo, que as suas nuanças e as suas manipulações foram maiores que as opressões, e justamente por ser intangível, fugaz, trabalhou-se de forma silenciosa e escondida para se procriar um discurso tão fervorosamente racista, classista e preconceituoso. Reiteração que se construiu de forma amigável e perfumada, até mesmo em tons poéticos, para se afirmar ideias indelicadas e não politicamente corretas. O processo civilizador utilizou-se do silêncio inebriante e sedutor dos perfumes para exalar de forma agradável suas ideologias mais repugnantes. Por fim, tem-se a impressão de que não se está discursando sobre divisão de pessoas, mas de higiene, que não se está sendo racista e inferiorizando outros grupos, mas que está se falando sobre algo tão agradável, como perfumes.

De forma graciosa, sutil e *cortês* (aferindo aqui que no dicionário de língua portuguesa *cortês* é sinônimo para civilizado), o *Jornal Illustrado para as Famílias* continua, em sua coluna "Chronicas da Moda":

> Eis alguns princípios geraes para terminar: 1. Os perfumes devem ser leves, penetrantes, lembrando sempre os cheiros das flores. 2. Urge evitar o almíscar e o patchouli como a peste. 3. A água de Colonia e a água Florida são reservadas para o toucador e os banhos; só as criadas, as norte-americanas e as allemães usam dessas águas como perfumes. 4. As essencias fortes, cujo odor entorpece, são abandonadas ao "demi-monde..." (A Estação: *Jornal Illustrado da Família*, 15 de outubro de 1882, edição 19, p. 1).

Primeiro, é notável que desde o momento em que o perfume entra no processo de industrialização, estabelece-se que mulheres direitas deveriam exalar a flor e homens direitos deveriam exalar a madeira. Esses tipos de determinações nascem do processo industrial na vinculação dos cheiros, das cores, dos tecidos da moda e quem deveria utilizar a partir do que está sendo produzido no mercado. Assim, não só contribuiu para que houvesse consumo do que se tem em produção e do que seria palpável para os ganhos da indústria, como também para projetar um ideal dos bons costumes e, consequentemente, os demarcadores de classes. Dessa forma, criou-se junto aos almanaques, aos periódicos, às imagens, aos jornais e aos manuais uma esfera do que deveria ser consumido de acordo com a cartilha dos cheiros aceitáveis, civilizados, melhor dizendo, industrializados.

Analisando a fonte, se tem preceitos para uma boa conduta sensorial em sociedade, além das flores para as damas. O almíscar e o patchouli, por exemplo, são considerados, dentro dos moldes da perfumaria europeia, notas baixas ou de fundo. São cheiros viscerais, telúricos e muito impactantes. Cabe lembrar que o almíscar é retirado das vísceras sexuais do cervo almiscarado e, junto à industrialização e ao processo de higienização, os aromas de origem animal passaram ser vistos como estimulantes de sujeira e falta de higiene. Os cheiros nota baixa, por serem carregados de emoções e paixões, não deveriam estar associados ao homem e à mulher cordial, e, dessa forma, passaram a peregrinar fora da cartilha dos cheiros aceitáveis.

Ademais, o cheiro do almíscar e do patchouli são aromas entorpecentes e funcionam como fortes inebriantes que tomam conta do ar, assim como as camélias e alguns tipos de jasmins pungentes, como a dama-da-noite, nome muito sugestivo, inclusive às flores. Camélia é sinônimo de meretriz e eram elas e as *demi-monde* que se serviam dos cheiros passionais, inebriantes e nada civilizados para seduzir os clientes. Por outro lado, era também o perfume marcante das mulheres que circulavam entre os civilizados e se colocavam na categoria como tal, mas estavam sempre sinalizadas, uma *demi-monde*. A distinção de uma dama para uma camélia sustentada por um homem de alta classe social estava em seu perfume extravagantemente sedutor, já que suas roupas, portes e maneiras não deixavam nada a desejar a qualquer senhora direita. Afinal, aos olhos das ruas limpas e cafés de luxo elas precisavam circular e serem vistas como parte do que determinava o decoro civilizado, mas seus perfumes marcavam que não se tratam de damas de família.

Não bastava silenciar os cheiros dos corpos, mas a escolha certa e civilizada pelos perfumes aceitáveis para uma dama também fazia parte das normas de conduta aceitáveis para o olfato. Algumas flores e elementos não eram permitidos, além do almíscar e patchouli, no *Jornal Illustrado* lê-se o seguinte conselho destinado às leitoras: (...) evitarem na sua escolha tudo o que poderá produzir nas outras pêssoas uma impressão desagradável ou encommoda. E' necessário em geral, evitar os cheiros persistentes, o almiscar, o lilas, o jasmim, a tuberosa, o jacintho. Repito a esse respeito que todos os perfumes violentos empregados com excesso indicam seguramente uma certa vulgaridade de costumes (*Jornal Illustrado*, 15 de dezembro de 1884, edição 23, p. 1, coluna "Chronica de Moda").

Uma recorrência no *Jornal Illustrado* para a família em relação ao sentido olfativo é a palavra perfumaria e suas variáveis. Nesse jornal, que circulou por 25 anos, registra-se a seguinte contagem: perfumaria, com 922 aparições, e perfume, com 505 aparições, sem contar as variáveis, considerando o mesmo recorte cronológico. Essencialmente, perfumaria e suas variações apareceram nos contextos interligados entre higiene, beleza, civilidade, educação e bons modos. São textos que ensinaram e formaram o contorno civilizador, por intermédio do cotidiano das mulheres, por serem elas o esteio familiar, ou seja, seriam elas as educadoras e promotoras das regras sociais.

Mas no que consistia ser civilizado? Como já analisado nos capítulos anteriores, a ideia de civilizado era proveniente da Europa, principalmente da França e seus inúmeros manuais de etiqueta. De acordo com essa retórica, não bastava somente tomar banho e usar um perfume, muito menos uma erva cheirosa, como faziam as mulheres não brancas, mas o perfume precisava vir de Paris e essa sobreposição emergia nas páginas dos jornais das senhoras, como no *Jornal Illustrado*, por meio de comerciais de perfumarias da França, como a Guerlain.[64] Importante destacar que, o endereço no comercial é francês, ou seja, o jornal era dirigido para a classe mais abastada, que tinha a possibilidade de, ao final do século XIX, ir à Europa e trazer na bagagem os perfumes de um país desenhado como exemplo de requinte e educação. Caso não houvesse essa possibilidade de viagem, mas ainda dentro dos padrões econômicos, que permitissem ao cidadão fazer parte de uma corte imperial-latina *à la française* e já fadada ao fracasso (lembrando que em 1889 a República seria instaurada), haveria a possibilidade de adquirir os perfumes de luxo nas perfumarias que trabalhassem com importados desse nicho no Brasil.

A pesquisadora Tania Andrade Lima (1996) produziu um trabalho primoroso sobre odores e a teoria dos humores no Rio de Janeiro no século XIX. Ela buscou em depósitos arqueológicos da cidade detritos de produtos com abordagem de higiene, saúde e odores. Sobre a perfumaria, ela escreve:

> Os registros vêm mostrando pródigos também e potes e frascos de produtos de toucador. Água de toalete, óleos para o cabelo, perfumes loções, extratos, águas para a caspa, essências, tônicos capilares, entre outros, fabricados em profusão, penetraram com impressionante intensidade o cotidiano do século XIX, claramente destinados a eliminar, ou pelo menos atenuar, os odores exalados pelos orifícios do corpo. Alguns produtos tiveram bastante aceitação e difusão, especialmente os franceses, a julgar pela

---

[64] Fundada em 1828 por Pierre François Pascal Guerlain, na França.

frequência com que estão presentes nos registros arqueológicos. Um dos mais populares foi a Florida Water, uma água de colônia cujos frascos, nos sítios cariocas, aparecem gravados em espanhol (Água de Florida) (LIMA, 1996, p. 77).

Perfumaria, perfumes e toucadores faziam parte do mundo das mulheres abastadas que não utilizavam qualquer cheiro. Como as fontes demonstraram, cheiro era algo a ser evitado, mascarado pelos aromas vindos de Paris. Pós, lenços e luvas perfumadas, pomadas de rosas e flores suaves deveriam calar as paixões e emoções, o cheiro de sexo, de vulgaridade, sensualidade e vísceras, os cheiros que vinham das ruas, os odores de ervas exalados das roupas das quituteiras, dos escravizados e o cheiro de sabão barato dos varais dos cortiços.

Por outro lado, o perfume mascarador da potente festa do corpo não poderia ser tão impositivo, afinal, se o fosse, teria o mesmo efeito dos cheiros não civilizados, quer dizer, transgressor de ordens, desenfreador de paixões e provocador de arrebatamentos, ardores, entusiasmos, exaltações e rebeldias. Ao perfume, anexo dos cheiros, também não foi permitido ser envolvente e aliciante, como é da sua natureza. No máximo, ele poderia exalar fragrâncias como as de uma leve e frágil flor, passando despercebido e sem efeitos arrebatadores sobre as sensoridades humanas carnais e sensíveis. Ao perfume moderno era permitido, apenas, ser sagrado, mas jamais profano.

As leitoras n'O Rio Nu

O Rio Nu está cheio de provocativos sexuais femininos. As mulheres que não eram o público alvo do jornal, posteriormente, passaram a ser um tipo de público dissimulado. Não por escolha do periódico, mas por perspicácia delas, que utilizavam o jornal como área de negociação para suas vidas sexuais. Muitas dessas mulheres não eram alfabetizadas, mas recorriam às figuras. A maioria delas era branca, já que mulheres negras não eram retratadas como figuras no jornal. No máximo, a mulher negra aparece descrita nas histórias eróticas, mas jamais retratada em uma bela imagem erótica — todas as ilustrações reproduziam mulheres brancas. Às mulheres negras cabiam imagens de sátiras. O jornal tem conotações racistas para os dias atuais, assim como os escritos de Aluízio de Azevedo, em relação às mulheres negras.

Os cheiros poderiam estar nas ruas, no sexo e em periódicos como *O Rio Nu*. Mas quem lia esse jornal? Quem era o seu público? Para alguns pesquisadores, trata-se de um público estritamente masculino, machista e racista, o que leva a crer, a partir desses termos, que tal periódico seria também um entusiasta higienista e sanitarista. Para Natália Batista Peçanha (2012), por exemplo:

> O jornal *O Rio Nu*, apesar de ter como o dia escolhido para a sua primeira publicação o 13 de maio, dia da abolição da escravidão, mostra de forma muito clara a sua posição em relação aos negros, sobretudo, as mulheres negras. Apesar de seu discurso pregar uma liberdade moral, com seu linguajar malicioso, seus discursos mostravam-se concernentes aos propalados por uma elite antenada aos debates médicos e às discussões acerca da civilização que se pretendia chegar. E neste sentido ele traz para si a responsabilidade pedagógica de mostrar que homem a sociedade moderna buscava, e com quem ele deveria se relacionar (PEÇANHA, 2012, p. 9).

No entanto, uma leitura atenta e minuciosa em todas as edições da fonte revela que não só homens liam *O Rio Nu*, mas também mulheres letradas, e, mais que isso, a figura feminina como leitora era contemplada na publicação. Ou seja, elas não liam exatamente para saber o que os homens pensavam ou faziam, mas liam crônicas escritas especialmente para elas. Além disso, o que também chama a atenção são os variados comerciais de produtos voltados para o público feminino contidos nas páginas do jornal.

O periódico apresenta veia pornográfica, fruto de um processo machista e, assim como na atualidade, se constitui como uma máquina controlada e produzida para o público masculino, definindo o comportamento sexual dos homens. Por isso, além dos trejeitos, modos e costumes que são considerados masculinos, O Rio Nu acabou por reiterar padrões fálicos e passou a ser utilizado como fonte comprovadora e validadora de um discurso que ainda perdura. No entanto, uma questão primordial foi levada em consideração no decorrer da pesquisa, em relação ao encontro com mulheres dentro do jornal. Elas não estavam no periódico somente como objetos, mas também como leitoras e usufruidoras do jornal.

É curioso observar que, ao final do século XIX, mulheres consumiam pornografia ou gostavam de sexo. Curioso porque em uma leitura anacrônica essa comum pulsão a qualquer indivíduo poderia ser esquecida, o que iria totalmente de encontro à história das sensibilidades. O fato de as mulheres terem sido tão domesticadas, não significa que elas não gostassem de sexo e que não encontrariam subterfúgios para seu prazer. Isso porque entende-se que naquele tempo a mulher não tinha liberdade sexual. Mesmo atualmente, o feminismo empenha-se para que mulheres tenham domínio sobre os próprios corpos e vontades. Vale ressaltar que a pornografia desse jornal não era a mesma dos dias atuais, o que não o libera de ser um periódico racista e machista, como todos no seu tempo.

A principal questão sobre esse anacronismo é que na época em que circulou esse periódico mostrou-se de vanguarda, rebelde e à frente do que os outros jornais estavam propagando, com toda a força ideológica do sanitarismo e higienismo. Lógico que os comerciais de produtos de higiene também estavam em *O Rio Nu*, mas em grau menor e convivendo com os sarcasmos ao sanitarismo, às vezes, na mesma página. Como já foi apontado, havia comerciais de produtos para o público feminino e, ainda mais interessante, comerciais de produtos masculinos vendidos direcionados ao público feminino, algo que soa como "compre para o seu marido". Esse último fato comprova que o jornal pornográfico era lido por mulheres e que isso era um fato conhecido, ao ponto de haver interação com elas de forma direta no jornal.

Em um segundo momento, após entender e realmente validar que mulheres eram leitoras da fonte, analisou-se quem seriam elas. Afinal, damas da sociedade com seus perfumes de rosa leriam *O Rio Nu*? Ou era um jornal voltado para as *demi-monde* e camélias? Uma coisa era certa: essa mulher era alfabetizada, o que, na virada do século, era raro, a não ser para mulheres de famílias abastadas. No entanto, na sequência a pesquisa levou em consideração que o jornal reproduzia muitas figuras capazes de falarem por si. Traziam à superfície a libido de uma sociedade que tentava fechar as pernas e esconder a constrangedora vontade sexual, seja a do homem ou a da mulher, mas principalmente a delas.

A partir das entrelinhas e da interlocução de alguns comerciais, os quais comprovam que mulheres também consumiam *O Rio Nu*, foi feito um mapeamento da palavra "leitora" e suas variações, que tiveram em média 149 destaques. Em contrapartida, houve também o mapeamento da palavra no masculino, que apareceu 1.187 vezes.

O público que lia *O Rio Nu* era eminentemente masculino, mas a própria fonte não permitiu desconsiderar que havia mulheres lendo o periódico. Elas provavelmente não iam à banca comprá-lo, mas enviavam seu pajem ou pegavam escondido de seus pais ou maridos. Mulheres que também se sentiam atraídas pela eroticidade das figuras pornográficas e que, de alguma forma, tentavam viver e ver a voz de sua libido, sempre trancafiada por uma sociedade que não permitia nem mesmo que elas tocassem o próprio corpo. Certamente, os redatores de alguma forma alcançaram essa percepção e vontade constrangedora que as mulheres tinham, fazendo com que algumas, sorrateiramente, pudessem ser contempladas nas páginas dos folhetins, crônicas e colunas pequenas.

Encontrar uma média de 149 repetições da palavra leitora em um jornal pornográfico do século XIX não era uma hipótese dessa pesquisa, justamente porque dentro da historiografia brasileira a sexualidade da mulher como detentora de sua libido em vez do lugar de vítima, fora dos âmbitos feministas, ainda é parca. No entanto, a fonte analisada confirmou que o reprimido procura uma maneira de experimentar suas ânsias e desejos em meio a um processo de silenciamento e cerceamento. De alguma forma, essas mulheres meteram o nariz onde não estavam sendo chamadas, bem debaixo do nariz da sociedade. Elas criaram uma forma de negociação onde seriam lidas, mas também leriam ou veriam as figuras.

Observa-se que um anúncio recorrente nos jornais ganha uma característica especial em O Rio Nu, voltado para as mulheres, entendendo-as como leitoras do periódico:

> "Fregueza. – Quero que o sr., me venda um remédio para o meu marido que há dois dias está todo encolhido com o rheumatismo.
> Boticário. – Vou dar-lhe Elixir de Nogueira, do chimico Silveira, que para isso é um prodígio capaz de fazer seu marido ficar teso e forte." (Jornal O Rio Nu, 7 de agosto de 1909, edição 1.155, p. 4)

O cheiro como transgressor

N'O Rio Nu foi possível sentir os cheiros do corpo, como o esperado. No Jornal Illustrado da Família não foi encontrada nenhuma ocorrência desse tipo. A chacota, o divertimento e o entretenimento com os cheiros aparecem quando é possível, às escondidas, para falar de sexo e paixões reprimidas. Uma leitura superficial pode parecer, aos olhares atuais, diante da luta feminista, algo ridicularizor e rebaixador do universo feminino. Comparar o cheiro vaginal ao de bacalhau é uma piada antiga no Brasil, ela já aparecia em 1898.

De fato, por conta de uma bactéria,[65] o canal vaginal pode aparentar o mesmo odor do bacalhau. Naquela época, não havia essa informação e os cheiros dos corpos femininos, assim como masculinos, deviam exalar muito mais seus sabores e odores, visto que não havia o imenso arsenal de produtos para partes íntimas e cheiros corporais como um todo, como o que temos hoje. O Brasil encontrava-se no início desse processo e os brasileiros ainda não estavam totalmente inseridos e normatizados na higienização. No entanto, já era transgressor tocar no assunto, não só por se tratar de partes íntimas e desejos sexuais, como também por se falar em cheiros inomináveis ao sanitarismo.

Cheiro de bacalhau não deveria ser uma ofensa, assim como cheiro de corpo, vulgo "cecê". O corpo produz cheiros, e se fosse permitido socialmente conversar abertamente sobre eles, seria possível ao indivíduo conhecer melhor o próprio corpo. Porém, aqui se tem uma importante questão: a partir do higienismo, o corpo não era mais do indivíduo, ele pertencia ao Estado, a uma instituição, como vimos em Foucault e Le Breton. Se o homem interagisse sem repressões com suas emanações, pulsões, cheiros e órgãos, ele passaria a entender-se individualmente e se tornaria possuidor do seu próprio organismo, habitaria o corpo e o entenderia como gozo, festa e prazer. Ele poderia pulsar e, nesse lugar, os cheiros seriam emanações do que esse corpo sentiria. Dessa maneira, haveria um processo de interação homem-corpo, como já foi bastante explorado nesta pesquisa.

---

65 A infecção causada pela alteração da flora vaginal natural, a *vaginos*, é bacteriana, normalmente causada pela proliferação desequilibrada da bactéria *Gardnerella vaginalis*.

Há piadas sobre a alcunha popular de bacalhau, palavra que teve 286 ocorrências no jornal, todas ligadas ao órgão sexual feminino. Em 14 de dezembro de 1898, edição 47, ou seja, logo em seu primeiro ano de existência, O Rio Nu sugeriria aos seus leitores o complemento de um mote humorístico. Os leitores deveriam enviar cartas-respostas completando o mote: "Metti o dedo e cheirei, ai que cheiro a bacalhau" – uma brincadeira que remetia ao cheiro do bacalhau e ao da vagina. A edição número 49, de 21 de dezembro de 1898, e a edição número 92, de 9 de maio de 1900, reproduziram algumas respostas dos leitores:

"De conversa co'a Roberta
Junto della me sentei
E, eu ao ver-lhe a saia aberta,
Metti o dedo e cheirei,
Mas com a venta dilatada,
Por ter sorvido a pitada
Que tinha um fétido máu
Disse: veja Dona Andreza
Esta grita - "Que riqueza" -
Ai que cheiro a bacalhau"

"As escuras caminhei
Para o quarto de Luiza
Tropecei n'uma bacia
Metti o dedo e cheirei
Que bom aroma, gostei;
Foi então que eu só de maó,
Lhe provei não ser de páo;
O dedo toro a metter
E no fim, ai que prazer!
Ai que cheiro de bacalhau!
(Jornal O Rio Nu, 21 de dezembro de 1898, edição 49, p. 3).

Por muitas vezes, n'*O Rio Nu*, o cheiro de bacalhau foi comum, ora descrito pelos leitores como ruim, ora como normal e bom. Percebe-se dessa forma que gostar dos cheiros dos corpos é uma construção social. Com o avanço do higienismo, o cheiro de corpo, principalmente do feminino, recebe maior retaliação, o que faz com que não só homens não aceitassem a natureza do corpo feminino. Mais agravante é o fato de as mulheres perderem o contato com a sua própria fisiologia e maturidade de observação e empiria com o próprio corpo. Não reconhecendo mais a saúde do próprio organismo por ele mesmo, sofrem uma dependência cada vez maior de uma medicina institucionalizada e instrumentalizada pela moral dos bons costumes.

Há outras centenas de histórias que ligam o órgão sexual feminino aos cheiros sem pudor. Uma delas é a figura em que um noivo pede para que sua noiva não se banhe ou se perfume para a noite de núpcias. Transcreve: "_ Menina, vaes vestir o rico vestido de noiva, é preciso tomar um banho 'de asseio', parece até que estás a cheirar mal.... Manoel estremeu. Passavam-lhe por todo o corpo uns calefrios horrendos e bradou energicamente: Que é que diz, D. Margarida?... Tomar banho hoje?... Não me estrague o prazer! Por cheira mal, não se perde! Que diabo de graça terá isso, sem um cheirinho?!" (*O Rio Nu*, 25 de setembro de 1909, edição 1.169, p. 3).

O cheiro de sexo não era tabu nesse jornal, e confidenciar que gostava dele, menos ainda. Esse lugar pornográfico tornava possível aos indivíduos confessar que gostavam dos cheiros pulsantes. Se por um lado caçoava-se que o órgão sexual feminino exalava a bacalhau, de outro parecia ser mesmo esses cheiros que os leitores caçavam e farejavam. Não foi possível encontrar algo semelhante nos jornais de senhoras e almanaques de medicina, pois eles estavam em total acordo com a conduta moral e higienista.

Logicamente, não se esperava encontrar algo com tom humorístico, mas pelo menos que o assunto estivesse descrito de alguma forma como pulsão. Se hoje falar sobre cheiros de pulsões já é tabu, imagina naquela época. No entanto, justamente por, no período estudado, o processo civilizador encontrar-se em construção, era ainda possível "sentir cheiros pulsionais" em material pornográfico, fator que não se observa na pornografia atual. Essa também foi civilizada ao ponto de ser *clean*: sem pelos pubianos, sem fluxos e secreções, com mulheres cada vez mais jovens, às vezes até com pedofilia, no sentido de que a jovialidade é limpa e o amadurecimento do corpo é sujo. Atualmente, o sexo não tem cheiro nem na pornografia, o que colabora para o argumento de que o humano se perdeu completamente do experimento de seu corpo e pulsões de forma natural. O sexo se tornou enfrascado, padronizado e até mesmo violento para as emoções, assim como os perfumes industriais.

Para completar, o hábito de não se banhar para exalar os cheiros das pulsões passou a ser imoral, fora da conduta e das normas da civilidade. O *Rio Nu* cedia vez ao corpo de fato. Nele, as pulsões estavam abertas nas páginas.

O cheiro de racismo

> Mas, ninguém como a Rita; só ella, só aquelle demônio, tinha o mágico segredo daquelles movimentos de cobra amaldiçoada; aquelles requebros que não podiam ser sem o cheiro que a mulata soltava de si e sem aquella voz doce. (AZEVEDO, 1990, p. 115).

Se mulheres também liam o jornal pornográfico, como elas estavam inseridas nele diante dos olhos masculinos e quais cheiros atuaram na fantasia sexual do homem no corte cronológico e espacial apresentado? A diferenciação entre os cheiros da mulher branca e da mulher negra são visíveis. Não é objetivo desta pesquisa discutir profundamente o racismo incutido não só em *O Rio Nu*, como em todos os periódicos da época. Porém, é evidente que a imprensa naquele momento era racista. A intenção aqui é analisar as aparições em torno dos cheiros e ficou explícito a identificação e concepção olfativa discriminada entre a mulher negra e branca.

O termo mulata teve 968 ocorrências na fonte, e, apesar da mulher negra aparecer, às vezes, ligada ao termo cheirosa, a palavra catinga aparece 25 vezes, todas elas ligadas a termos ou histórias referentes a uma mulher negra, e nunca a uma mulher branca. A expressão "mau cheiro", quando se refere ao feminino, na maior parte das vezes fala sobre uma mulher negra. Afinal, a "catinga de mulata" (*Tanacetum vulgare*) fazia parte dos banhos das moças dos cortiços, das mulheres negras quituteiras e Bertolezas, e, apesar de ser um cheiro indigno de civilidade para as pessoas brancas ou abastadas, de acordo com os ideais da época, era considerado docemente fascinante, como mostram os estudos de José Flávio Pessoa de Barros (1993).

A nomeação racista "catinga de mulata" para a *Tanacetum vulgare* aponta como alguns cheiros do *métier* popular foram, de fato, domesticados e inferiorizados, já que uma erva comum na medicina popular brasileira foi eleita para uso pelas moças negras que cultuavam a Iabá Oxum.[66] Não à toa, essa erva foi menosprezadamente nomeada de catinga, termo pejorativo para cheiro, assim como mulata é um termo que associa mulheres negras a uma mula. Apesar da hipersexualização da mulher negra, como pode-se perceber no mapeamento, ela não aparece assim representada no jornal. A sexualidade feminina era voltada para as mulheres brancas, mesmo quando ocupavam a função de criadas. Muitas dessas imagens eram importadas da Europa, como já explicou Mary Del Priore (2016). O corpo da mulher negra não poderia ser visto nem mesmo nas capas de um jornal pornográfico.

Os termos catinga e mulata estiveram ligados de forma direta no período estudado por esta pesquisa. A palavra mulata aparece apenas

---

66 Oxum é uma divindade feminina da cultura Yorubá trazida para o Brasil por africanos escravizados que a cultuavam na África, na região da Nigéria conhecida como Osogbo. No entanto, a catinga de mulata, de nome científico *Tanacetum vulgare*, é uma planta simbolizada com o elemento água e serve para cultuar todas as Iabás, divindades femininas da mitologia Yorubá.

duas vezes no *Jornal Illustrado para Famílias*. Isso ocorre pelo fato de a palavra ter denotação sexual e ser considerada de tão baixo calão que não poderia estampar as páginas do periódico. Já a palavra negra aparece 134 vezes fazendo referência a mulheres que trabalhavam como criadas.

O nariz como falo

Vimos a ligação entre o nariz e o falo no capítulo 3. O órgão sexual masculino também figurou nas interconexões com olfato em *O Rio Nu*, principalmente no que corresponde ao tamanho do nariz e ao tamanho do falo ou da representação do nariz como instrumento sexual. O nariz é o farejador das vísceras e conota o lado animal do homem sentindo o cheiro de sua presa, nesse caso, a fêmea. Em *O Rio Nu* há várias passagens do nariz sendo comparado ao órgão sexual masculino ou utilizado como anedota. São dezenas de trechos referindo-se à presença do poder masculino associada ao fato de "ter nariz" ou de que seu falo era cheiroso.

O falo aparece com cheiro bom, mas as partes íntimas da mulher são construídas a partir da insígnia do mau cheiro. Nesse ponto, traz-se ao debate a questão colocada por Constance Classen (1996) entre lua e mulher e sol e homem. Considerando-se que atualmente o senso comum já perdera essa sabedoria humoral, pode-se dizer que mesmo assim ela continua perpetuando no inconsciente coletivo, como a ideia de que mulher sempre fede (lua/secreções e fluxos), mesmo quando o sexo é bom. Já para o falo (sol/seco e luminoso), não houve essa conotação, e, por isso mesmo, ele não precisaria de tanto perfume. O homem é sempre mais *clean* que a mulher, e assim deve ser.

Como foi visto durante todo o texto, a ideia de que mulheres fedem mais foi utilizada, inconscientemente, para as diminuir. No período pré-patriarcal, elas foram comparadas aos ciclos lunares e, posteriormente, esse discurso as aproximou da noção de doença, de coisas que exalam secreções, eflúvios e, portanto, apresentando maior potencialidade de pestilência, efeitos pútridos e enfermidades. Ideia da teoria humoral que perpetuou, mesmo que escondida, até a medicina atual. Mulheres menstruam, parem, fedem e, portanto, precisam de muito perfume. Mas os homens podem e precisam ser *clean*, pois se usarem perfume em demasia ficam afeminados. Assim foi e ainda é a cartilha dos cheiros aceitáveis.

Esse tipo de retórica de falo interligado à ideia de "bom cheiro" aparece diversas vezes em *O Rio Nu*: "A's direitas vê se pegas/ Neste pausinho cheiroso/A's avessas mette o dente/Neste frueto saboroso" (Jornal *O Rio Nu*, 12 de abril de 1899, edição 80, p. 3). Enquanto a vagina, mesmo quando apontada como algo gostoso e prazeroso, é associada a algo que fede, o falo é ligado a bom cheiro. Entende-se que o feder do órgão sexual feminino não é real, mas uma ideia introjetada de que "elas não cheiram bem", "não são confiáveis", justamente por ser prazerosa, logo, é do lugar do pecado, e, portanto, jamais cheirará bem.

Mais um exemplo entre centenas do falo com a palavra cheiroso: "O pau cheiroso d'aquella elevação pertence a este homem" (Jornal *O Rio Nu*, 28 de fevereiro de 1900, edição 172, p. 3). Aqui, lê-se a palavra elevação, em uma brincadeira de mote para geografias grandiosas. O falo, visto como algo grandioso, como um local superior. E como já foi visto, um "homem com nariz" é superior e mais forte, seguindo a ideia do nariz não como mero órgão olfativo, mas como farejador e potencializador do poder de mantenimento de um grupo ou manada, em sua concepção mais animalesca.

"Porque no fim das contas o Roberto era **rico e tinha nariz**" (Jornal *O Rio Nu*, 3 de dezembro de 1898, edição 44, p. 4). Mais uma vez, a ideia recorrente de que um homem poderoso precisa "ter nariz". Afinal, Roberto era muito poderoso, não só era rico, ainda tinha nariz, ou seja, poder sexual e de persuasão, força e virilidade. Ter nariz, principalmente para histórias eróticas, era um símbolo muito importante para o masculino, já que são contos que tentam aguçar a fantasia erótica feminina pela virilidade masculina. Por isso, contos de "homens narigudos" ou com nariz em meio as histórias são tão facilmente encontrados no jornal. Inconscientemente, comprova-se pelo uso no jornal erótico estarem o nariz e o faro ligados a prazer e gozo.

Outro exemplo do tamanho do nariz como apontamento do tamanho do falo: "Não viste o disforme nariz que ele traz? /_Ora o nariz.../_ Pois isto é signal bem certo de...de.../_De que?/_ Olha a santinha!.../_Mas diz: signal de que?/_Signal disto, Maria./ _Ah! Não faz mal eu também tenho a boca grande. Uma coisa compensa a outra" (Jornal O Rio Nu, 11 de janeiro de 1899, edição 55, p. 4).

Não foi encontrada nenhuma analogia entre o tamanho da vagina com o nariz, apenas do mesmo com o falo. Isso mostra que, de fato, a ideia de uma mulher poderosa por ter um bom faro (representado por um grande nariz) não era/é compatível com uma figura bela e erotizada; pelo contrário, uma mulher de nariz/faro avantajado, mais uma vez, é tida como perigosa, e uma mulher de boa conduta é tida, dessa forma, com um pequeno nariz ou faro domesticado.

A ideologia positivista n'*O Rio Nu*

"Decididamente, essa gente perdeu o gosto! O gosto e nariz!..." (Jornal *O Rio Nu*, 10 de dezembro de 1898, edição 46, p. 2.). Essa afirmação relata o desgosto de um colunista sobre as normas de higiene na cidade. Perder o gosto e o nariz, perder o faro, perder a intuição, ter um pouco de escatologia e cheiro em meio a uma cidade que se via cada vez mais *clean* e regrada.

Muitas são as críticas voltadas às normas positivistas e higienistas na cidade em tom irônico e sarcástico em *O Rio Nu*. Perder o nariz é um jargão ainda utilizado em algumas regiões do Brasil, algo que soa como "perder a vontade, perder o tesão". E, de fato, era dessa forma que *O Rio Nu* tomava a cidade do Rio da era sanitarista. Por mais que o periódico viesse de uma origem positivista do *flâneur*, os colunistas boêmios cariocas sentiam-se combalidos com as normas sanitaristas e dos bons costumes que se instalavam na cidade. O termo *hygiene* teve 284 ocorrências em *O Rio Nu*, em todos os casos, quando não era propaganda de produtos, era colocado como objeto humorístico.

Uma das passagens que mais chamou a atenção em relação à sátira ao positivismo foi na edição 479, de 7 de fevereiro de 1903: A Positivíssima, indo de encontro à doutrina positivista, que recebia do jornal uma aura carrancuda, pela disciplina, pela ordem e pela civilidade que propagava. A doutrina positivíssima era um afronte direto à doutrina positivista em um jornal que teria bebido dessa mesma fonte. Ainda chama a atenção a menção ao olfato na doutrina satírica.

Mais um exemplo de sátira ao higienismo: "_Mas, seu Quincas, o saneamento mette-se em toda a parte?/_ Sem dúvida./_Ai! E eu que sou todo acanhamento...assim que a droga da hygiene aparecer fico enfiada/ _Ora, a grande novidade, menina!". (Jornal *O Rio Nu*, 18 de março de 1903, edição 490, p. 1). Um desenho com sátira ao sanitarismo estampava a primeira página do jornal, ironizando o fato de a política higienista não poupar nem mesmo a vida privada.

E os exemplos de sátira ao higienismo são muitos: "Parece que será recolhido ao Hospício de alienados um indivíduo que há trinta dias está estudando a reforma da higiene municipal" (Jornal *O Rio Nu*, 18 de abril de 1903, edição 499, p. 6). Provavelmente, era uma indireta a um político ou médico sanitarista, muito comum em *O Rio Nu*. Eles não citavam nomes diretamente, mas se utilizavam de feitos cotidianos dessas personagens reais, a fim de satirizar o trabalho das mesmas. Em outra ocasião, o colunista não identificado chama "um indivíduo", provavelmente um sanitarista, de maluco que precisava ser "recolhido" a um hospício. Ato comum, inclusive, entre os sanitaristas, internar indivíduos não normatizados. A alfinetada satírica foi dupla.

"A polícia e a Hygiene continuam a perseguir ratos, mosquitos e jogadores. Por enquanto ainda não há resultado e o povo julga que esse negócio de bicho é deboche" (*O Rio Nu*, 1903, edição 551). Neste caso, uma sátira em alusão ao jogo do bicho, bem comum no Rio de Janeiro e que, inclusive, tinha coluna própria da premiação da semana do jornal. Irônico, o periódico mostra também a desconfiança do povo sobre as políticas sanitaristas.

Lê-se também em suas páginas um deboche aos códigos de posturas ou códigos de bom tom, muito comuns na Europa e no Brasil na virada do século XX e também nas revistas de senhoras. Os códigos de boa maneira ensinavam posturas e ordens para civilizar-se e viver bem em sociedade. O código da impostura teria sido escrito por um "vagabundo", um andante e boêmio. A sátira foi dividida em artigos, como em uma lei. Os últimos dez artigos foram categorizados como "dez posições finais". Para título de exemplo do conteúdo de deboche, o artigo 45: "A vacina é obrigatória em certos e determinados casos, podendo qualquer um andar com a lanceta na mão e mette-la onde quizer" (Jornal O Rio Nu, 6 de maio de 1905, edição 713, p. 6.).

Uma sátira sobre como a política higienista não dialogava com a população, sendo muito mais taxativa do que integral e inclusiva, o que acarretava o deboche e a sátira entre o populacho: "O médico – o senhor construiu o chiqueiro dos porcos (...) perto da casa de morada, e isso é anti-hygienico, produz moléstias./O porquinho – E´ um engano, Sr. Doutor! Há mais de anos que aquelle chiqueiro está ali e nunca me adoeceu um só porco!..." (Jornal O Rio Nu, 4 de fevereiro de 1903, edição 478, p. 5.)

Mais uma alusão satírica e sexual entre a política higienista como invasiva à vida privada dos indivíduos: "Elle – estou informado de que não me és fiel... Já me disseram que ultimamente há um movimento enorme de homens que entram e sahem de tua casa.../Ella – Não sabes que a hygiene não quer mais agua parada?/Eu faço o que posso para não ter a daqui parada um só instante". (Jornal O Rio Nu, 11 de março de 1903, edição 488, p. 4).

O Rio Nu foi um local de negociação de alguns grupos ou de algumas pulsões de grupos específicos. Por mais que venha de uma trajetória positivista dos *flâuners*, que suas páginas carreguem racismo e misoginia, ele pode ser considerado como um local de enfretamento e de subversão para a época.

Em 30 de março de 1910, *O Rio Nu* sofreu injúrias e foi proibido de circular (censura postal) e ser postado pelo Correio Geral, por seu conteúdo ter sido considerado obsceno. Isso só reforça a ideia de que o periódico era um local de resistência às normas dos bons costumes e da civilidade. Tinha uma série de assinantes fora da capital carioca e, provavelmente, sua postagem chegava aos recônditos do país. Dessa forma, foi um vetor de ideias importantes e transformadoras da mentalidade brasileira, mesmo que no âmbito privado dos lares. Não apenas de erotismo vivia o jornal, pois havia mensagens contra o sistema ou, pelo menos, uma tentativa de analisar as reformas civis do higienismo por outra via.

Contudo, pode-se dizer que os grupos ou indivíduo se organizam para resistir de alguma forma, e, por muitas vezes, essa resistência não era combativa. Ela se dava nas entrelinhas e se infiltrava nas arestas do próprio sistema que a corrompia, vigiava e punia. Indivíduos têm habilidades de serem como perfumes, de cheirar, "pegar no ar", intuir e farejar uma saída só pelo que ouviu falar (exemplo de olfato sendo colocado como forma intuitiva: "Sois astuta em cheirar, só pe'lo que ouvi"). É assim que mulheres e os cheiros se embrenharam em *O Rio Nu*. Foram nas arestas que souberam o usar como lugar, mesmo que mínimo, de subversão à ordem à qual seus corpos e formas de existência eram colocados em conflito.

Conclusão

Esta pesquisa começou com o objetivo de analisar se houve mudanças nas percepções olfativas, como elas ocorreram e em como isto acarretou mudanças de comportamento e nas mentalidades. Com o desenvolver dos estudos, os próprios cheiros revelaram-se presos, inclusive historiograficamente, no papel de coadjuvantes dos temas saúde e higienismo ou perfumaria industrial. Os cheiros corporais e naturais não se apresentavam nas fontes oficiais ou consideradas padrões, e, dessa forma, foram apontando o rastro para um lugar de subversão onde pudessem viver e exalar suas existências.

O subversivo estava no que tentava escapar ao padrão industrial, ao pragmatismo do positivismo e às normas classistas da higiene. Do outro lado, ou melhor, no meio do caos e do próprio sistema que o vigiava, o cheiro encontrou brechas para se movimentar, assim como seus pares: as mulheres, o sexo, o gozo e as pulsões corporais. Na cartilha dos cheiros civilmente aceitáveis e diante de um nariz alfabetizado, o cheiro da árvore de pinho passou a lembrar, automaticamente, limpeza de banheiro; a lavanda, o cheiro de casa limpa, e a baunilha, o perfume de mulher. O nariz alfabetizado passou a julgar os cheiros junto aos moralismos. Foi visto que a rosa branca, por exemplo, tornou-se símbolo de Nossa Senhora, uma santa, isto é, uma honesta e sem pulsões. A rosa vermelha e a dama-da-noite, exalando suas pulsões inebriantes como a de um corpo humano, passaram a ser vistas como luxúria e simbolizadas por Maria Madalena,

Pombagiras e, por esse motivo, de um modo inconsciente, aceitável como símbolo dos apaixonados.

Neste trabalho, constatou-se que o nariz domesticado criou pontos de fuga. Ele se meteu em fissuras, embrenhou-se por entre jornais eróticos, textos de humor e sarcasmo, nos cortiços, nas ruas, nas cafeterias, na boêmia, nos perfumes "das putas" e também nos aromas das águas perfumadas compostas com ingredientes da terra, nos cheiros de ervas, como o macassas e as arrudas. Os cheiros não civilizados podem não ser aceitos, mas são sobreviventes. Eles são mascarados, mas nunca deixaram de existir e nos lembrar de nossa condição animal e da ligação com a natureza.

Apesar da historiografia crítica sobre O Rio Nu, o periódico apresentou seu local de subversão, positivíssima (para fazer uma troça com o conteúdo do próprio jornal). Era um jeito de rir e caçoar com o que os indivíduos até seguiam, mas sabiam que era fatigante demais ao corpo e à própria experiência. Os cheiros, assim como os grupos sociais punidos nas vigílias, por séculos, vêm se utilizando do humor e da arte para se movimentarem.

Durante todo o processo de criação desta pesquisa, e lê-se criação, pois ela precisou ser recriada diversas vezes, a fim de abarcar o objeto tão volátil. O artista Tunga surgiu como um catalisador do comportamento que os cheiros não domesticados exalam. Em sua obra intitulada de Cooking Crystals Expanded,[67] de 2009, e exposta atualmente em Inhotim, Minas Gerais,[68] pode ser apreciada uma construção artística com urina, fezes feitas de materiais plásticos, além dos quadros com desenhos de mulheres de cócoras defecando cristais. Essa experimentação de Tunga é o que nomeei de arte entérica e assemelha-se com o conceito, criado aqui, de perfumaria ancestral. A arte de Tunga, uma ode às pulsões brutas que, experienciadas, trazem à tona os instintos e pulsões primárias. A perfumaria ancestral,

---

[67] Conf. https://www.tungaoficial.com.br/en/trabalhos/cooking-crystals-expanded-2/
[68] Minha primeira visita na galeria de Tunga foi em 2016.

uma experimentação *slow-smell*,[69] revolve as mesmas pulsões através do sentido primário, o olfato que, para ser experimentado, necessita de um movimento holístico do sentir (*slow-smell*), retirando, dessa forma, os cheiros da alfabetização e do estaticismo dos fixantes que não permitem ao olfato farejar.

Tunga teve sua trajetória artística inspirada por Artaud e, na verdade, foi a observação das obras do artista brasileiro, em Inhotim, que levou esta pesquisa ao dramaturgo francês. Tunga dilacera o corpo em suas instalações e coloca fezes e urina à vista, provocando as ideias contrárias sobre o corpo, ora como processo experimental, ora como uma máquina exposta a ser analisada. A primeira vez que visitei a galeria pude perceber como o olfato era fundamental na instalação. Através do nariz, o visitante poderia repensar a experimentação do próprio corpo. Nenhuma das instalações tinha cheiro, mas era comum ver os visitantes colocando a mão no nariz para não sentir um suposto cheiro escatológico que estaria no recinto. Aliada à negação dos supostos cheiros das obras, vinham as expressões faciais de ojeriza e reprovação. Foi fascinante observar o espanto das pessoas ao verem algo romântico e considerado belo, quero dizer, pedaços de cristais, sendo utilizados como fezes.

Tunga troca os dejetos de lugar: os cristais são como escatologias dos veios da terra e as fezes são escatologias do corpo humano. As escatologias também são integrais e apresentam ciclos e se movimentam de forma fluídica, como um só órgão, ou melhor, elas são como um processo experimental de pulsões. É engraçado pensar o nariz como uma continuação do falo, por exemplo, e lê-se algo como "o nariz do Leonardo vai virar uma extensão da língua". De forma humorística, se fala o que, profundamente, o corpo deseja sentir: uma comunhão e libertação dos movimentos, não importa o que seja, cristais ou fezes, os dois são produtos de experimentações semelhantemente visceral, como língua

---

69 Expressão minha proposta dentro do conceito de perfumaria ancestral.

e falo se assim sentirem, em determinado lapso de tempo (Bergson), que desejam ser uno ou continuação um do outro.

O humano perdeu o contato com o seu processo natural não por uma questão de saúde e higiene, mas por um acordo de vigília, e é a partir dela que os locais de subversão são encontrados. Nem sempre a resistência é direta, pois o conflito é declarado e o nariz conhece bem essas máximas. Industrializado, domesticado, alfabetizado, o nariz procurara outra forma de inalar, assim como o corpo age no seu processo para conseguir transpirar seu "cecê". A negociação veio no meio do caos, as formas de fugir das ordens ou burlá-las ocorreram escondidas.

A arte de Tunga grita imersa em um espaço criado para isso, onde podemos entrar em contato com aquilo que assombra, mas também, estranhamente, concerne prazer. Como um gozo, é um lugar de grito e riso ao mesmo tempo, uma zona que não se sabe nomear, apenas sentir. E esse lugar tão pujante incomoda, pois é muito poderoso, concede poder a quem o sente constantemente, tornando-a uma pessoa indócil a um sistema de vigílias. Por isso, enfrentar uma obra com fezes e urina, onde mulheres defecam cristais, pode ser poderoso e libertador para quem deseja se experimentar, mas a maioria é normatizada e vê em uma cena tão assustadoramente bela como essa um sinal de balbúrdia. A arte, para os normatizados e punidores, é o lugar da balbúrdia.

É nesse afastamento do prazer e das artes que consiste o distanciamento do corpo e suas possibilidades de experimentações. Assim se censuram as artes revolucionárias demais para serem vistas a olho nu ou nariz nu. Elas precisam ser observadas com luvas, máscara protetora, microscópios, de longe, como se todo aquele aparato artístico na galeria não fosse senão nós mesmos. A questão principal é que todo o excremento com urina e cristais defecados são de uma enorme potencialidade e representam um desenho da alquimia viva que é o indivíduo e sua integração ao natural com o bruto, e o humano é parte dessa integração que carrega em si uma potência orgástica, para citar Reich (1980, orig. 1936).

O discurso civilizador do homem moderno estava travestido de saúde, mas intentava silenciar o processo criativo, visto ser ele perigoso demais para uma sociedade de vigília que se estrutura a partir do medo e da escassez. A criação é do lugar da prosperidade, do transbordamento das emoções, como um útero ou sangue menstrual que escorre pelas pernas e nutre a terra. Por isso, atualmente acompanha-se, novamente, a secura das artes. O fascismo quer ser obedecido, deseja os narizes apontados para baixo, que esqueçam que são donos de si e percam a força de se meterem onde não foram chamados.

Mas os anônimos existem e subvertem a ordem mesmo nas ruínas da história, pois ela existe para ser subvertida. É possível não dar forma e só sentir em meio a um processo de resistência. Por vezes, silenciosos ou aos gritos, os cheiros parem (de parir como uma mulher) e rosnam as emoções humanas reprimidas. É viável des-domesticar o nariz, des--alfabetizar o olfato, fazer graça das regras, mesmo fingido segui-las. Enquanto existir uma pulsão querendo sair, será possível criar um perfume diferente e incrementar poesia no meio da vigília. A resistência, por vezes, é silenciosa e imperceptível, como um perfume. Ela se infiltra, inebria e arrota as emoções para fora, faz chorar ou sorrir. É esse fluir que o humano precisa voltar a sentir.

Referências bibliográficas

FONTES PRIMÁRIAS

A ESTAÇÃO: JORNAL ILLUSTRADO PARA A FAMÍLIA. Rio de Janeiro, 15 de outubro de 1882, ed. 19, p. 1.

A ESTAÇÃO: JORNAL ILLUSTRADO PARA A FAMÍLIA, 1880-1904.

A ESTAÇÃO: JORNAL ILLUSTRADO PARA A FAMÍLIA. Coluna para senhoras, 1879.

ANNAES BRASILIENSES DE MEDICINA: JORNAL DA ACADEMINA IMPERIAL DE MEDICINA, 1849-1885.

A CIGARRA. São Luís, 1829-1830.

A CIGARRA. São Luís, 1895.

A CIDADE DO RIO DE JANEIRO: JORNAL DA TARDE. Rio de Janeiro, 1887.

A VIDA ELEGANTE: O JORNAL DAS SENHORAS. Rio de Janeiro, 1909.

DER MOSQUITO. Santa Catarina, 1930-1935.

JORNAL O RIO NU. 15 de abril de 1905, edição 707, p. 3.

JORNAL O RIO NU, 10 de agosto de 1907, edição 949, p. 6.

JORNAL O RIO NU, 14 de dezembro de 1910, edição 1.295, p. 8

JORNAL O RIO NU, 1898 a 1916.

JORNAL O RIO NU, 21 de julho de 1909, edição 1.150, p. 4

JORNAL O RIO NU, 21 de dezembro de 1898, edição 49, p. 3.

JORNAL O RIO NU, 9 de maio de 1900, edição 192, p. 3.

JORNAL O RIO NU, 25 de setembro de 1909, edição 1.169, p. 3.

JORNAL O RIO NU, 4 de abril de 1914 edição 589, p. 4.

JORNAL O RIO NU, 10 de setembro de 1910, edição 1.268, p. 2.

JORNAL O RIO NU, 29 de março de 1899, edição 76, p. 1.

JORNAL O RIO NU, 12 de abril de 1899 edição 80, p. 3

JORNAL O RIO NU, 28 de fevereiro de 1900 edição 172, p. 3.

JORNAL O RIO NU, 3 de dezembro de 1898, edição 44, p.4.

JORNAL O RIO NU, 11 de janeiro de 1899, edição 55, p. 4.

JORNAL O RIO NU, 10 de dezembro de 1898, edição 46, p. 2

JORNAL O RIO NU, 7 de fevereiro de 1903, edição 479, p.3.

JORNAL O RIO NU, 18 de março de 1903, edição 490, p. 1.

JORNAL O RIO NU, 18 de abril de 1903, edição 499, p. 6.

JORNAL O RIO NU, 17 de outubro de 1903, edição 551, p. 2.

JORNAL O RIO NU, 6 de maio de 1905, edição 713, p. 6.

JORNAL O RIO NU, 4 de fevereiro de 1903, edição 478, p. 5.

JORNAL O RIO NU, 11 de março de 1903, edição 488, p. 4.

JORNAL O RIO NU, 21 de julho de 1909, edição 1.150, p.4

JORNAL O RIO NU, 30 de março de 1910, edição 1.221, p. 2.

MEQUETREFE: JORNAL DE TODOS E TUDO. Fortaleza, 1881.

O MEQUETREFE: PERIODICO LIVRE ILLUSTRADO. Maceió, 1886.

O CHEIROSO: JORNAL DE PROPAGANDA, CRÍTICO, HUMORÍSTICO E LITTE-RÁRIO. Rio de janeiro, 1911.

O JORNAL DAS SENHORA: MODAS, LITTERATURAS, BELLAS-ARTES, THETRO E CRÍTICA. Rio de Janeiro, 1852-1855.

O MOSQUITO: PERIODICO SEMANAL DE PRINCIPIO AGRADAVEIS, CRÍTICOS E LITERÁRIOS. Rio de Janeiro, 1888-1889.

OBRAS

ABUD, Cristiane Curi. *Dores e odores*: distúrbios e destinos do olfato. São Paulo: Via Lettera, 2009.

ACKERMAN, Diane. *Uma história natural dos sentidos*. 2. ed. Rio de Janeiro: Bertrand Brasil, 1996.

ALMEIDA, T. C. A.; HOUGH, G.; DAMÁSIO, M.H.; SILVA, M. A. A. P. da. *Avanços em análise sensorial*. São Paulo: Livraria Varela, 1999.

ANDRADE, Cristiane Batista. "A sociologia do corpo". *Caderno de Saúde Pública*, Rio de Janeiro, v. 23, n. 2, p. 484-485, jan./fev. 2007.

AFTEL, Mandy. *Essências e alquimia*: um livro sobre perfumes. Tradução de Marcia Prudencio. Rio de Janeiro: Editora Rocco, 2006.

ARTAUD, Antonin. "Para acabar com o julgamento de Deus: (1947)". In: WILLER, Claudio. (Org.). *Escritos de Antonin Artaud*. Porto Alegre: L&PM, 1983.

ASHCAR, Renata. *Brasil essência*: A cultura do perfume. São Paulo: Editora Best Seller, 2001.

AUSTIN, John Langshaw. *Sentido e percepção*. São Paulo: Martins Fontes, 2004.

AZEVEDO, Aluísio. *O cortiço*. Rio de Janeiro: B.L. Garnier, 1890 (primeiro milheiro). Disponível em: https://digital.bbm.usp.br/handle/bbm/4817. Acesso em: 12 set. de 2014.

BASTIDE, Roger. *O segredo das ervas*. São Paulo: Anhembi, 1955.

BASBAUM, Sérgio R. *Sinestesia, arte e tecnologia*: fundamentos da cromossonia. São Paulo: Annablume: Fapesp, 2002.

BASBAUM, Sérgio R. "Sinestesia e percepção digital". *Revista Digital de Tecnologias Cognitivas*. São Paulo, v. 6, p. 245-266, jan./jun. 2012.

BERGSON, Henri. *Matéria e memória*: ensaio sobre a relação do corpo com o espírito. São Paulo: Martins Fontes, 1999.

BERGSON, Henri. *Seleção de textos*. Tradução de Franklin Leopoldo e Silva. São Paulo: Nova Cultural, 1989. (Coleção Os Pensadores).

BOURDIEU, Pierre. *O poder simbólico*. Rio de Janeiro: Bertrand Brasil, 2007.

BORGMEIER, Thomaz. A história da "flora fluminensis". Publicações do Arquivo Nacional, 1961, vol. 48.

BRANQUINHO, Fátima. *O poder das ervas na sabedoria popular e no saber científico*. Rio de Janeiro: Mauad X, 2007.

BUCKLEY, Thomaz; GOTTLIEB, Alma. (Ed.) *Blood Magic*: the anthropology of menstruation. Berkeley: University of California Press, 1988.

BULLOUGH, Vern; VOGHT, Martha. "Women, menstruation, and nineteenth-century medicine". *Bulletin of the History of Medicine*, XLVII, n. 1, p. 66-82, jan./fev. 1973.

BURKE, Peter. *O que é história cultural?*. 2. ed. Rio de Janeiro: Zahar, 2008.

CAMPBEL, Joseph. *O voo do pássaro selvagem*: ensaios sobre a universalidade dos mitos. Tradução de Rui Jungman. Rio de Janeiro: Rosa dos Tempos, 1997.

CAMPBELL, Joseph et al. *Todos os nomes da Deusa*. Tradução de Beatriz Pena. Rio de Janeiro: Rosa dos Tempos, 1997.

CARUSO, Salvatore. "Prospective study evaluating olfactometric and rhinomanometric outcomes in postmenopausal women on 1 mg 17β-estradiol and 2 mg drospirenone HT". Menopause, Nova York, v. 15, n. 5, 2008. Disponível em: file:///C:/Users/Raffaella/Contacts/Downloads/Prospectivestudyevaluatingolfactometricandrhinomanometric.pdf. Acesso em: 2 jan. de 2016.

CARVAHO, José M. de. *Os bestializados*. São Paulo: Cia das Letras, 2012.

CHANTAL, Jaquet. *Filosofia do odor*. São Paulo: Forense Universitária, 2014.

CHERNOVIZ, Pedro R.N. *Dicionário de Medicina Popular*. 3. ed. Paris: Casa do Autor, 1862.

COCCIA, Emanuele. *A vida sensível*. Tradução de Diego Cervelin. Florianópolis: Desterro (Cultura e Barbárie), 2010.

COCCIA, Emanuele. Mente e matéria ou a vida das plantas. Revista *Ianda*, 2013, v. 1, n. 2, p. 197-220.

CONDILLAC Étienne Bonnot. "Resumo do tratado das sensações". *In*: LABRUNE, Monique; JAFFRO, Laurent. *Gradus Philosophicus*: a construção da filosofia ocidental. São Paulo: Mandarim, 1996.

CHALHOUB, Sidney. *Cidade febril*: cortiços e epidemias na Corte imperial. São Paulo: Companhia das Letras, 1996.

CHANDLER, Burr. *O imperador do olfato*: uma história de perfume e obsessão. Tradução de Rosaura Eichenberg. São Paulo: Companhia das Letras, 2006.

CHARTIER. Roger (Org.). *História da vida privada 3*: da renascença ao século das luzes. São Paulo: Companhia das Letras, 2009.

CLASSEN, Constance; HOWES, Davis; SYNNOTT, Anthony. *Aroma*: a história cultural dos odores. Tradução de Álvaro Cabral. Rio de Janeiro: Jorge Zahar, 1996.

CORBIN, Alain. *Saberes e odores*: o olfato e o imaginário nos séculos dezoito e dezenove. São Paulo: Companhia das Letras, 1987.

CRUZ. Laura Camilo dos Santos. "O fazer naturalista em *Mulato* de Aluísio Azevedo". *Manuscrítica*. Revista de Crítica Genética, São Paulo, 2006, n. 14, p. 237-243. Disponível em: http://www.revistas.fflch.usp.br/manuscritica/article/view/1040/949. Acesso em: 12 set. de 2018.

DEL PRIORE, Mary. *Histórias da gente brasileira*. Império. Rio de Janeiro: LeYa, 2016. 2 v.

DEL PRIORE, Mary. *História da gente brasileira*. República - Memórias (1889-1950). Rio de Janeiro: LeYa, 2017. 3 v.

DEL PRIORE, Mary; AMANTINO, Marcia (Org.). *História do corpo no Brasil*. São Paulo: Editora Unesp, 2011.

DELEUZE, Gilles. Para dar um fim ao juízo. *In*: DELEUZE, Gilles. Crítica e clínica. Rio de Janeiro: Editora 34, 1997. p. 143-153.

DELEUZE, Gilles. *Foucault*. Tradução de Claudia Sant'Anna Martins. São Paulo: Brasiliense, 1991.

DIEGUES, Antonio Carlos. (Org.). *Os saberes tradicionais e a biodiversidade no Brasil*. São Paulo: IPHAN, 1999.

EDLER, Flávio Coelho. *Boticas e pharmácias*: uma história ilustrada da farmácia no Brasil. Rio de Janeiro: Casa da Palavra, 2006.

EISLER, Riane. *O cálice e a espada*: nosso passado, nosso futuro. São Paulo: Palas Athena, 2008.

ELLENA, Jean-Claude. *Perfume*: the alchemy of scent. Nova York: Arcade Publishing, 2011.

ELIAS, Norbert. *O processo civilizador*: formação do estado e civilização. Tradução da versão inglesa de Ruy Jungmann e revisão, apresentação e notas de Renato Janine Ribeiro. Rio de Janeiro: Zahar, 1993. 2 v.

ELIAS, Norbert. *O processo civilizador*: uma história dos costumes. Rio de Janeiro: Editora Jorge Zahar, 1994. 1 v.

ELIAS, Norbert; SCOTSON, John R. *Os estabelecidos e os outsiders*: sociologia das relações de poder a partir de uma pequena comunidade. Rio de Janeiro: Zahar, 2000.

FERNANDES, Tania Maria. *Plantas medicinais*: memória da ciência no Brasil. Rio de Janeiro: Fiocruz, 2004.

FERREIRA, Luiz Otávio. Ciência Médica e Medicina Popular nas Páginas dos Periódicos Científicos (1830 – 1840). *In*: CHALHOUB, Sidney (Org.). *Artes e ofícios de curar no Brasil*. São Paulo: Editora da UNICAMP, 2003.

FOUCAULT, Michel. *Vigiar e punir*: nascimento da prisão. Petrópolis: Editora Vozes, 1997.

FOUCAULT, Michel. *História da sexualidade*. São Paulo: Paz e Terra, 2014.

GIMBUTAS, Marija. Vulvas, breasts and buttocks of the Goddess Creatress: commentary on the origins of art. *In*: Buccellati, Giorgio; SPERONI, Called (ed.). *The shape of the past*. Studies in honour of Franklin D. Murphy. Los Angeles (CA): UCLA Institute of Archaeology, 1981. p. 19-40.

GIMBUTAS, Marija. *The language of the Goddess*: unearthing hidden symbols of western civilisation. Londres: Thames and Hudson, 1989.

GIRARD-LAGORCE, Sylvie. *100 perfumes de sempre*. São Paulo: Estampa, 2006.

GINZBURG, Carlo. *Os andarilhos do bem*: feitiçaria e cultos agrários nos séculos XVI e XVII. Tradução de Jônatas Batista Neto. São Paulo: Companhia das Letras, 2010.

GOGOL, Nikolai Vassiliévitch. *O nariz*. Tradução de Roberto Gomes. Porto Alegre: L&PM, 2013.

HOFLERH, Marlise K. et al. Olfactory cues from romantic partners and strangers influence women's responses to stress. *Journal of Personality and Social Psychology*, 2018, v. 114, n. 1, p. 1-9.

HILLMAN, James. *Psicologia alquímica*. Petrópolis: Editora Vozes, 2011.

HUME, David. *Tratado da natureza humana*. Tradução de Déborah Danowski. São Paulo: EditoraUNESP/ImprensaOficial do Estado, 2001.

IBARRA-SORIA, X. et al. A variação nos repertórios de neurônios olfativos é controlada geneticamente e modulada ambientalmented. *eLife*. v. 6, e21476. Disponível em: https://elifesciences.org/articles/21476. Acesso em: 25 abr. 2017.

JAQUET, Chantal. *Filosofia do odor*. Tradução de Michel Jean Maurici Vicent e Maria Angela Társico de Fonseca Maia e revisão técnica de Manoel Barros da Motta. Rio de Janeiro: Forense Universitária, 2014.

JUNG, Carl Gustav. *Psicologia e alquimia*. 6. ed. Petrópolis: Editora Vozes, 2012.

KOBAYASHI, Elizabete; HOCHMAN, Gilberto. O "CC" e a patologização do natural: higiene, publicidade e modernização no Brasil do pós-Segunda Guerra Mundial. *Anais museu Paulista*, 2015, v. 23, n. 1, p. 67-89. Disponível em: http://www.scielo.br/scielo.php?pid=S0101-47142015000100067&script=sci_abstract&tlng=p. Acesso em: 17 out. 2016.

KOBAYASHI, Elizabete Mayumy. *Higiene e consumo*: novas sensibilidades para um Brasil Moderno (décadas de 1940 a 1960). 2012. Tese (Doutorado em História das Ciências e da Saúde). Fundação Oswaldo Cruz, Casa Oswaldo Cruz, Rio de Janeiro, 2012.

KROPF, Simone; FERREIRA, Luiz Otávio. A prática da ciência: uma etnografia no laboratório. *História, Ciências e Saúde*. Rio de Janeiro, v. 4, n. 3, jan./nov. 1997.

KHUN, Thomas. *A estrutura das revoluções científicas*. Chicago: University Chicago Press, 1962.

KRAMER, Heinrich. *Malleus Maleficarum*. O martelo das feiticeiras. Tradução de Paulo Fróes; Rose Marie Muraro; Carlos Byington. Rio de Janeiro: BestBolso, 2015.

LATOUR, Bruno; WOOLGAR, Steve. *A vida de laboratório*. Princeton: Princeton University Press, 1979.

LE BRETON, David. *Adeus ao corpo*: antropologia e sociedade. Campinas: Editora Papirus, 2003.

LE BRETON, David. *Antropologia do corpo e modernidade*. Petrópolis: Editora Vozes, 2011.

LEBOVICI, Serge. *El lactante, la madre y el psicoanalista*. Buenos Aires: Amorrortu Editores, 1999.

LE GOFF, Jacques. *Uma história do corpo na Idade Média*. Tradução de Marcos Flamínio Peres e revisão técnica de Marcos de Castro. 3. ed. Rio de Janeiro: Civilização Brasileira, 2011.

LENT, Roberto. *Cem bilhões de neurônios?* Conceitos fundamentais de neurociência. 2. ed. São Paulo: Editora Atheneu, 2010.

LIMA, Tania Andrade. Humores e odores: ordem corporal e ordem social no Rio de Janeiro, século XIX. *História, Ciências e Saúde – Manguinhos*, v. 2, n. 3, p. 44-94, nov.1995/fev. 1996.

MALNIC, Bettina. *O cheiro das coisas*: o sentido do olfato: paladar, emoções e comportamentos. Rio de Janeiro: Vieira & Lent, 2008.

MARQUES, Vera Regina Beltrão. *Natureza em boiões*: medicinas e boticários no Brasil setecentista. Campinas: Editora da Unicamp, 1999.

MAZZEO, Tilar J. *O segredo do Chanel No 5*: a história íntima do perfume mais famoso do mundo. Rio de Janeiro: Rocco, 2011.

MINIM, Valéria Paula Rodrigues. *Análise sensorial*: estudos com consumidores. 2. ed. Viçosa: Editora UFV, 2010.

MONTERO, Santiago. *Deusas e adivinhas*. São Paulo: Editora Musa, 1998.

NAGAI, M. H. *et al*. Monogenic and monoallelic expression of odorant receptors. *Molecular Pharmacology*. v. 90, n. 5, p. 633-9. Disponível em: http://molpharm.aspetjournals.org/content/90/5/633/tab-e-letters. Acesso em: 7 nov. 2016.

NEI, M., Niimura, Y., NOZAWA, M. The evolution of animal chemosensory receptor gene repertoires: roles of chance and necessity. *Nature Reviews Genetics*, 9, 951-963, 2008.

NERY, Salete. O perfume e o perfumista: um "olhar" sobre os aromas para uso pessoal no século XVIII a partir da história de um assassino. ALCEU, v. 15, n. 30, p. 211-226, jan./jun. 2015. Disponível em: http://revistaalceu-acervo.com.puc-rio.br/media/Alceu%2030%20pp%20211%20a%20226.pdf. Acesso em: 5 set. 2017.

NOGUEIRA, Suzana (Org.). *Sementes*: agentes do conhecimento tradicional da Rede Fito vida. Rio de Janeiro: Publit, 2013.

O'DONNELL, Julia. *De olho na rua*: a cidade de João do Rio. Rio de Janeiro: Zahar, 2008.

OLIVEIRA-PINTO, A.V. et al. Sexual dimorphism in the human olfactory bulb: females have more neurons and glial cells than males. *PLoS One*, 2014. Disponível em: https://www.ncbi.nlm.nih.gov/pubmed/25372872. Acesso em: 20 nov. 2014.

PAPES, Fabio. Variações do olfato: influência genéticas e ambientais determinam a construção do órgão sensorial do nariz. Revista *Fapesp*, edição, 255, 2017. Disponível em: https://revistapesquisa.fapesp.br/2017/05/23/variacoes-do-olfato/. Acesso em: 7 jun. 2017.

PARACELSO. *As Plantas Mágicas. Botânica Oculta*. Rio de Janeiro: Editora Hemus, s/d.

PEREIRA, Cristiana Schettini. *Um gênero alegre*: imprensa e pornografia no Rio de Janeiro (1898-1916). 1997. Dissertação (Mestrado em História). Departamento de História do Instituto de Filosofia e Ciências Humanas da Universidade Estadual de Campinas, Campinas, 1997.

PEÇANHA, Natália Batista. Uma pedagogia "para homens": *O Rio Nu* e sua função disciplinadora do homem civilizado. *In*: XV Encontro Regional de História da ANPUH, Rio de Janeiro. Anais. Disponível em: http://www.encontro2012.rj.anpuh.org/resources/anais/15/1333064133_ARQUIVO_NataliaBatistaPecanha-UmapedagogiaparahomensORioNuesuafuncaodisciplinadoradohomemcivilizado.pdf. Acesso em: 4 mai. 2015.

PESAVENTO, Sandra Jatay; LANGUE, Frédérique (Org.). *Sensibilidades na história*: memórias singulares e identidades sociais. Porto Alegre: Editora da UFRGS, 2007.

PESSOA DE BARROS, José F. *O segredo das folhas*. Rio de Janeiro: Eduerj, 1993.

PESSOA DE BARROS, José F. *Ewé Òrìsà*: uso litúrgico e terapêutico dos vegetais nas casas de candomblé jêje-nagô. Rio de Janeiro: Bertrand Brasil, 2013.

PIMENTA, Tânia S. Barbeiros – sangradores e curandeiros no Brasil (1808-28). *História, Ciência, Saúde – Manguinhos*, v. 5, n. 2, p. 349-372, jul./out. 1998.

PIMENTA, Tânia S. Terapeutas populares e instituições médicas na primeira metade do século XIX. In: CHALHOUB, Sidney (Org.). *Artes e ofícios de curar no Brasil*. São Paulo: Editora da UNICAMP, 2003.

PONGETTI, Henrique. As raças e o olfato. *Manchete*, Rio de Janeiro, n. 304, p. 31, fev. 1958.

RAVEN, Peter Hamilton; EVERT, Ray F.; EICHHORN, E. Susan. *Sistemática*: a ciência da diversidade biológica. Biologia Vegetal. 5. ed. Rio de Janeiro: Guanabara Koogan. 1996.

REICH, Wilhelm. *A revolução sexual*. 6. ed. Rio de Janeiro: Jorge Zahar, 1980.

REIS JR., Dalmir. Boceta perdida – 1875. *Propagandas históricas*. S.d. Disponível em: https://www.propagandashistoricas.com.br/2015/02/boceta-perdida-1875.html. Acesso em: 7 nov. 2016.

RIBEIRO, Palmira M. *Práticas de cura popular*: uso de plantas medicinais e fitoterapia no Ponto de Cultura "Os Tesouros da Terra" e na Rede Fitovida na região serrana. Lumiar/Rio de Janeiro (1970-2010). 2014. Dissertação (Mestrado em História das Ciências e da Saúde). Fundação Oswaldo Cruz, Casa de Oswaldo Cruz, Rio de Janeiro, 2014.

RIBEIRO, Palmira M. *Perfumaria ancestral*: aromas do universo feminino. Rio de Janeiro: Editora Memória Visual, 2018.

RIBEIRO JUNIOR, João. Uma análise epistemológica da práxis educativa positivista. Revista *HISTEDBR*. Campinas, n. 20, p. 120–132, dez. 2005. Disponível em: http://www.histedbr.fe.unicamp.br/revista/edicoes/20/art12_20.pdf. Acesso em: 5 dez. 2005.

RODRIGUES, Ariano de Giovanni et al. *Plantas medicinais e aromáticas*: etnoecologia e etnofarmacologia. Viçosa: UFV, Departamento de Fitotecnia, 2002.

ROHDEN, Fabíola. *Uma ciência da diferença*: sexo e gênero na medicina da mulher. 2. ed. rev. Rio de Janeiro: Editora FIOCRUZ, 2001. (Coleção Antropologia & Saúde).

ROSTAND, Edmond. *Cyrano de Bergerac*. São Paulo: Abril Cultural, 1976.

SCHETTINI, Cristiane. *O que não se vê*: corpo feminino nas páginas de um jornal malicioso. História do corpo no Brasil. São Paulo: Editora Unesp, 2011.

SEPTIMUS, Piesse. *The Art of perfumery*. Estados Unidos: Echo Library, 2007.

SERRES, Michel. *Os cinco sentidos*: filosofia dos corpos misturados. Rio de Janeiro: Bertrand Brasil, 2001.

SILVA, Adão R. da. *Tudo sobre aromaterapia*: como usá-la para melhorar sua saúde física, emocional e financeira. São Paulo: Roka, 1998.

SILVA, M.A.; DAMÁSIO, M.H. *Análise sensorial*. São Paulo, Faculdade Engenharia de Alimentos, Universidade Estadual de Campinas, 1996.

SICUTERI. Roberto. *Lilith*: a lua negra. Rio de Janeiro: Paz e Terra, 1985.

SÜSKIND, Patrick. *O perfume*: a história de um assassino. Tradução de Flávio R. Kothe. Rio de Janeiro: Record, 1985.

Thompson, J. S. *The Mystery and Lure of Perfume*. Londres: The Bodley Head, 1927.

VIGARELLO, Georges. *O limpo e o sujo*: uma história da higiene corporal. São Paulo: Martins Fontes, 1996.

VIGARELLO, Georges (Org.). *Histoire du corps*: De La Renaissance aux Lumières. Paris: Point, 2005.

VON FRANZ, Marie L. *A sombra e o mal nos contos de fada*. São Paulo: Paulinas, 1985.

VON FRANZ, Marie L. *A interpretação dos contos de fada*. São Paulo: Paulinas,1990.

ZANARDI, Oscar José. *O perfume em sua possibilidade de ser uma obra de arte*. 2014. Dissertação (Mestrado em Filosofia). Centro de Filosofia e Ciências Humanas. Universidade Federal de Santa Catarina. Florianópolis, 2014.

Esta obra foi produzida pela mapa lab no outono de 2022.
O miolo foi impresso em papel pólen soft 80g/m² usando as fontes Billionaire e Caecilia.